笃行汉语·文学文化系列

马新钦　白海溶　著

中国古典诗词鉴赏读本

暨南大学出版社
JINAN UNIVERSITY PRESS
中国·广州

图书在版编目（CIP）数据

中国古典诗词鉴赏读本/ 马新钦，白海溶著 . —广州：暨南大学出版社，2013. 11
（笃行汉语 · 文学文化系列）
ISBN 978 – 7 – 5668 – 0356 – 6

Ⅰ. ①中…　Ⅱ. ①马…②白…　Ⅲ. ①古典诗歌—诗歌欣赏—中国—对外汉语教学—教材　Ⅳ. ①H195. 4

中国版本图书馆 CIP 数据核字（2012）第 225493 号

………………………………………………………………………………………

中国古典诗词鉴赏读本
著　　者：马新钦　白海溶

出 版 人：徐义雄
策 划 人：杜小陆
责任编辑：杜小陆　杜晓杰
责任校对：黄　斯

地　　址：中国广州暨南大学
电　　话：总编室（8620）85221601
　　　　　营销部（8620）85225284　85228291　85228292（邮购）
传　　真：（8620）85221583（办公室）　85223774（营销部）
邮　　编：510630
网　　址：http：//www. jnupress. com　http：//press. jnu. edu. cn
排　　版：弓设计
印　　刷：佛山市浩文彩色印刷有限公司
开　　本：787mm × 960mm　1/16
印　　张：13. 5
字　　数：252 千
版　　次：2013 年 11 月第 1 版
印　　次：2013 年 11 月第 1 次
定　　价：29. 80 元

总序

“笃行”一词见于《礼记·中庸》：“博学之，审问之，慎思之，明辨之，笃行之。”作为治学或者学习活动的最后一个阶段，“笃行”意味着只有知识付诸实践才是一次学习活动的真正完成，也只有能够付诸实践的知识才是真正的知识。本书系命名为“笃行汉语”，兼有上述两种意思。

就作为第二语言的汉语教学而言，它的直接目的是学生汉语综合能力的养成和提高。服务于这个目标，我们一方面重视教材、教法的实践性，另一方面也充分认识到，在学习活动中，知识内化为能力和自觉的意识是一个复杂的、多重因素共同作用的过程。而且，越是到高级阶段，所需仰赖的纯语言学意义的知识的比例便越小。因此，本书系拟分为两大类四个系列。其中，语言技能系列、专业汉语系列旨在培养学生的基本汉语技能以及在某一领域（譬如商务活动、酒店旅游、汉语教学等）内运用汉语的能力；文学文化系列、课外读物系列主要针对中高级汉语程度的学生，强化其在跨文化交际活动中以文化行事的能力。就后一大类而言，它和坊间同类书籍的最大区别在于，它尤为重视培养学生的文化能力或以文化行事的能力，而不是单纯的知识学习、文化体验。

“忠信笃敬”是暨南大学所恪守的校训，“笃行”之意包含于其中；“忠信笃敬、知行合一、自强不息、和而不同”的暨南精神，更说明了暨南人对科学的实践精神的自觉承担。华文学院是暨南大学面向海外及港、澳、台地区开展华文教育、对外汉语教学和预科教育的国际化专门学院。学院师资力量雄厚，人才培养体系完善，学习条件优越，生活环境舒适。半个世纪以来，华文学院共培养了十万余名学子，遍及全球五大洲，桃李满天下。目前，华文学院已经成为位于中国南方的，集科学研究、教材研发、人才培养、师资培训于一体，在国内外享有盛誉的华文教育及对外汉语教学重镇，每年都有来自全球几十个国家和地区的数千名学生入读华文学院。2012年，暨南大学华文教育研究院的成立，标志着华文学院的发展跨上了新的台阶。目前，华文教育研究院正在研发的华文水平测试、华文教师资格认证，以及各国别华文本土化教材的编写，都将为世界华文教育事业、汉语国际推广事业做出重要贡献。

笃行汉语书系以华文学院强大的师资力量、完善的课程体系和丰厚的教学实践经验为依托，所收入教材都是编写者在自身所承担课程的多轮讲授过程中积累、酝酿而出的。可以说，它出自经验丰富、学养深厚的一线教师之手，是华文学院汉语教学类课程建设的有机组成，具有极强的实战性、针对性，因此也必将对汉语学习者语言能力的提高有所助益。

暨南大学出版社是国务院侨务办公室主管、暨南大学主办的综合性大学出版社，多年来坚持“为教学科研服务，为侨务工作服务”的出版宗旨，尤其注重华文教育和传统文化类图书的开发，其中由暨南大学华文学院主编的《中文》和由北京华文学院主编的《汉语》教材全球发行量已超一千万册，是海外发行量最大的华文教材，受到海内外华文学习者的广泛赞誉。笃行汉语书系是华文学院与暨南大学出版社的又一次合作。我们相信，在双方的共同努力下，笃行汉语书系一定能够坚定地、持续地走下去，走出属于自己的一片天地！

笃行汉语书系编委会

2013 年 5 月于暨南园

前言

本书是面向留学生编写的古典诗词鉴赏课教材，它的适用对象主要是中高级水平的外国汉语学习者。本书也可以作为中国古代文学课的辅助教材，同样适合喜爱中国古典诗词的自学者使用。

很多学校都开设有古代文学或古典诗词鉴赏课，目的是帮助留学生更深入地学习汉语，增强他们对中华文化的了解与认识，提高他们学习中国语言文化的兴趣。对大多数留学生来说，如果古典诗词的选文只有注释，没有赏析，或者赏析很简略，他们还是觉得"不好懂"、"很难"。本书正是出于这样的考虑，专门增加了诗词"赏析"部分，希望能够帮助留学生理解诗歌的内容，了解诗人的感情，感受每首诗的意境与艺术魅力，学会欣赏古典诗词的美。

很多留学生会说，我是来学习现代汉语的，来提高汉语交际能力的。学习古代文学作品有什么用？事实上，文学学习的过程也是语言学习的过程，二者不可截然分开。学习古代作品能提高自己的汉语水平，有助于理解词语的含义。同时，古典诗词的许多名言名句至今仍活在我们的语言中，很多留学生对此也很感兴趣。为提高学生学习的积极性，我们设立了"重点词语与诗句"这一板块。为扩充、丰富学生的词汇，我们还开辟了另一板块——"相关词语链接"，希望能架起一座古代汉语与现代汉语相互联系、转化的桥梁，使学生"学了就可以用"，将所学知识变成"活"的知识。

在选择诗词方面，尽量做到：第一，都是名篇佳作，是人们所熟悉、所喜欢的作品。第二，篇幅一般不太长，四句的绝句较多。第三，诗句大多浅显，尽量不选文字艰深、诗意难懂的作品。第四，不少作品的写作背景或表达内容具有故事性、趣味性，而且这些作品是针对学生的汉语水平与认知特点来选取的。

所选诗词的内容，或表达纯洁而美好的爱情、友情、亲情，或表达积极向上的人生感受或深刻的哲理，或赞美风景美丽的大好山河，等等。尽管这些诗词的主题不同，但大多贴近学生的审美、情感与认识，容易为他们所理解、接受。

本书共选46首诗词作品，每一课（一首诗词）都由八部分组成（部分诗词有“相关歌曲链接”）。

一、解题。包括作者简介，诗歌的写作背景、思想内容或艺术风格。这部分内容语言浅显，表达简洁，能使学生更顺利地理解诗词。

二、诗词作品。即该诗词的文字内容。

三、注释。根据学生的汉语基础，解释疑难词语，以及一些理解起来北较困难的诗句的含义。同时，对于句子与句子之间意义跳跃较大的，也加以详细解释。为了方便学生朗读，诗词中的难字难词还加了注音。

四、译文。对一首诗进行全部翻译，力求“译文”准确，表达简单明白。

五、赏析。作者这首诗要表达什么？他是怎么想的？又是怎么表达的？意境是怎么构设的（情和景是如何交融的）？这是“赏析”所要完成的内容。

六、重点词语与诗句。所选词语大多至今常被人使用，而且因本书所选诗词基本上都是名篇，所以“名言名句”较多。

七、相关词语链接。主要是根据诗词中的词语或意义进行联系、拓展，所链接的词语在形式上有成语、短句、双音节词语、三音节词语等。

八、练习题。概括起来，可分为词语巩固题和诗词记忆与理解分析题。词语巩固题主要是从诗词中（少数从“赏析”中）选出较难且在现代汉语中较常用的字词，采用注音、组词、词语填空或词语选择等形式，检查学生对诗词的认读，以及对“重点词语或语句”、“相关词语链接”的掌握程度。诗词记忆和理解分析题主要加强学生对诗词的记忆与理解，采用填空题、选择题、问答题的形式，检查他们对“名言名句”知识的掌握，对“鉴赏”的理解能力，并引导学生提出自己的见解。

本书在编写过程中，暨南大学华文学院给予了经费资助，莫海滨、王汉卫、王茂林、童盛强等专家教授一直关心本书的编写并提出了具体而宝贵的意见，王颖智绘制了插图，暨南大学出版社人文分社杜小陆先生也为本书的出版付出了很多劳动，在此谨致诚挚的感谢。本书在选注、赏析过程中，参考了一些注释本及留学生诗词读本，在此表示特别感谢。

马新钦　白海溶

2013年6月3日

于暨南大学华文学院

目 录

第一章　《诗经》

《诗经》是中国古代最早的诗歌总集，共有305首诗歌。这些诗歌产生于西周初年至春秋中叶的500多年间，较为真实地反映了这一时期的社会生活。《诗经》中的诗根据音乐的不同，分为风、雅、颂三个部分。其中“风”包括十五国风，即十五个不同地方的民间音乐，有160首诗；“雅”分为大雅和小雅，是王畿（jī，首都地区）一带的音乐，有105首诗；“颂”分为周颂、鲁颂和商颂，都是王室祭祀的音乐，有40首诗。

《诗经》以四言为主，常用重章叠句的形式，其表现手法为赋、比、兴。赋指平铺直叙，不用比喻；比指比喻，相当于现在的比喻修辞手法；兴指托物起兴，先言他物，引起所要表达的事物或感情。《诗经》中的诗歌语言朴素自然，感情真挚，其中《国风》尤其为人们所喜爱。《诗经》是中国现实主义文学创作的开始，对后世文学影响很大。

关　雎

【解题】

本诗选自《诗经·周南》，是《诗经》的第一篇，也是千古爱情诗的第一首。本诗写的是一位男子对一位女子的思恋，表现了他为追求女子而付出的种种努力，以及苦苦追求而得不到的痛苦。

关关雎鸠[1]，在河之洲[2]。窈窕淑女[3]，君子好逑[4]。

参差荇菜[5]，左右流之[6]。窈窕淑女，寤寐求之[7]。
求之不得，寤寐思服[8]。悠哉悠哉[9]，辗转反侧[10]。

参差荇菜，左右采之。窈窕淑女，琴瑟友之[11]。
参差荇菜，左右芼之[12]。窈窕淑女，钟鼓乐之。

【注释】

①关关：雎鸠发出的叫声。雎鸠（jū jiū）：一种水鸟。雎鸠都是一只雌鸟和一只雄鸟成双成对地在一起。

②洲（zhōu）：水中的陆地或小岛。

③窈窕（yǎo tiǎo）：内心、外貌美好的样子。淑（shū）：好，善。

④君子：男子。逑（qiú）：配偶。

⑤参差（cēn cī）：长短不齐的样子。荇（xìng）菜：一种多年生的水草，叶子可以食用。

⑥流：即“求”，意思是求取，择取。

⑦寤（wù）：睡醒。寐（mèi）：睡着。

⑧思：语气助词，没有意义。服：思念。

⑨悠：因思念而忧愁的样子。

⑩辗转反侧：躺在床上翻来覆去睡不着。

⑪琴瑟（qín sè）：琴和瑟都是古代的乐器。友：友好交往，亲近。

⑫芼（mào）：拔取。

【译文】

关关鸣叫的雎鸠，栖息在黄河的小洲上。我想起那善良美丽的姑娘，她是我的好对象。

水中长短不齐的荇菜啊，我在河边采啊采。那善良美丽的姑娘啊，我无论醒来还是梦里都想她。

可是追求她却不可得，我醒来、梦里都思念她。想她想得心忧伤，我翻来覆去难入睡。

长短不齐的荇菜，我左边采啊右边采。善良美丽的姑娘啊，我弹起琴瑟亲近她。

长短不齐的荇菜，我左边摘啊右边摘。善良美丽的姑娘啊，我敲起钟鼓取悦她。

【赏析】

这位男子也许正在低头走路，突然他听到“关关”的鸟叫声，他想：“这声音是什么鸟叫的呢?”顺着声音一看，原来是雎鸠。他再仔细观看，原来雎鸠停在黄河的一个小洲上。于是他随口唱道：“关关雎鸠，在河之洲。”雎鸠都是雌雄相恋、成双成对地待在一起，看到这对正在谈情说爱的雎鸠，小伙子马上产生了美好的联想，想到了自己的爱情。他日思夜想的“窈窕淑女”正是自己的理想对象，这就是“窈窕淑女，君子好逑”。前四句调动了诗人丰富的感官：先听，再看，再细看，再由雎鸠想到自己，想到自己的爱情，十分符合人们的思维过程，所以这几句写得真实自然、活泼有趣。

男子来水边干什么呢？是到黄河边散步的吗？是来看雎鸠的吗？不是，他是来采荇菜这种水草的。看吧，黄河边的荇菜长得参差不齐，他站在水中，顺着水左边采啊右边采。小伙子的手在忙碌地采摘，他的心也没有闲着，早已飞到了“窈窕淑女”那儿。他心里说：“唉，我的那位美丽善良的女孩啊，我无论醒来还是做梦，都在想你，追求你。”是啊，小伙子现在正在干活，心里却仍然想着那位淑女，看来他说的“寤寐求之”是真的。

这位痴情的小伙子是否追到了自己的“好逑”呢？小伙子很痛苦地告诉我们：“求之不得。”虽然没有追到，但他没有怨恨，没有放弃，仍然“寤寐思服”，不管醒来还是睡着都在思念她，看来这位单相思的小伙子对爱情确实执着。他对女孩的思念既深又长，“悠哉悠哉”，思念的痛苦深深地折磨着他，以至于晚上睡觉时在床上“辗转反侧”。请大家设想一下，这位诗人因爱情的“求之不得”，一定遭受了很多苦闷和忧伤，才创造了“辗转反侧”这个词，才有了感人的“千古爱情第一首”——《关雎》。

最后八句，写了这个男子虽然“求之不得”，但仍然采取很多办法来接近她：“琴瑟友之”、“钟鼓乐之”，可见小伙子对姑娘的爱是真诚的、热烈的。他为了得到自己的爱情付出了很多努力，让人感动。

【重点词语与诗句】

1. 窈窕淑女：诗中指温柔善良的女子，现指身材苗条、安静而善良的女子。

2. 窈窕淑女，君子好逑：善良美丽的姑娘，是我的好配偶。这句诗常作为男子对女子的爱情表白，表达对女子的爱慕之情。俗话说：“情人眼里出西施。”只要女孩是自己喜欢的，你就会觉得她很美，她就是你的“窈窕淑女”，所以你就可以用这两句诗来表白。

3. 求之不得：诗中指追求而没有得到，现在主要指特别希望得到。如：

你肯帮助我，那是我~的。

你给我学费，让我到外国学习，我真是~，怎么会不接受呢？

4. 悠哉悠哉：因思念对方而忧伤，精神受到了煎熬。

5. 辗转反侧：因为思念、着急、担心而躺在床上翻来覆去睡不着。如：

很快就要考试了，我还没复习好，昨天晚上我躺在床上~，睡不着。

6. 参差不齐（cēn cī bù qí）：形容不整齐，或情况、水平不一致。如：

因为学习汉语的时间有的长，有的短，所以我们班的学生汉语水平~。

唱歌的时候，有的学生唱得快，有的慢，有的学生唱得声音高，有的低，大家唱得~。

【相关词语链接】

1. 夜不能寐：因为思考一件事或思念一个人而睡不着。如：

妈妈担心我在中国的学习与生活，所以这一段时间她常常~。

2. 梦寐以求：寐，睡着。指做梦的时候都在追求，形容十分渴望，特别想得到。如：

我终于找到了一份~的工作——当空姐。

3. 优哉游哉：悠闲自在，生活没有压力，心里很轻松。如：

爸爸退休后，不再像以前那么忙碌了，现在他过着~的生活。

【练习题】

一、注音

睢鸠______　　窈窕______　　好逑______

寤寐______　　淑女______　　参差______

二、用本课所学的词语、诗句等知识填空

1. 《________》是中国最早的诗歌总集，共有305首。

2. 向自己喜欢的女孩表达爱情时，可以用《关雎》的“________，__________”这两句诗来表白。

3. 我这几天遇到了一件很烦心的事情，白天是饭不思茶不想，晚上躺在床上也是________，难以入睡。

4. A：玛丽，我想去北京旅游，但一个人去没意思。我想你陪我去，我出钱，你愿不愿意？

B：太好了，我是________，怎么会不愿意呢？

5. 同学们的汉语水平________，就说这次考试吧，有的考得很好，有的却不及格。

三、思考题

1. 本诗表达了什么样的情感？

2. 小伙子为追求这位“窈窕淑女”，做了哪些努力？你觉得他最终会成功吗？为什么？

君子于役

【解题】

本诗选自《诗经·王风》，是一首妻子思念在外地的丈夫的诗。傍晚时，这位女子十分孤单，所以思念在外地服劳役的丈夫，尤其是当她看到小鸡纷纷回窝、牛羊一只只从野外返回栏圈时，这种思念与牵挂就更加强烈了。

君子于役[①]，不知其期，曷至哉[②]？
鸡栖于埘[③]，日之夕矣，羊牛下来[④]。
君子于役，如之何勿思[⑤]！

君子于役，不日不月[⑥]，曷其有佸[⑦]？
鸡栖于桀[⑧]，日之夕矣，羊牛下括[⑨]。
君子于役，苟无饥渴[⑩]！

【注释】

①君子：女子对丈夫的称呼。于役（yì）：到外地服役。

②曷（hé）：何，何时。至：回家。哉（zāi）：啊。

③栖（qī）：栖息，指鸡、鸟等歇息。埘（shí）：鸡窝。

④下来：从野外回来。

⑤如之何：怎么。勿思：不思念。

⑥不日不月：时间很长。

⑦佸（huó）：相会。

⑧桀（jié）：鸡栖息的木架。

⑨括（kuò）：来到。下括：指牛羊聚集在一起。

⑩苟（gǒu）：或许。

【译文】

丈夫去外地服役了，不知道他的归期，他何时才能回来啊？

小鸡纷纷回鸡窝栖息，太阳已经下山了，牛羊也都从野外回来了。

（动物们都知道回家，而）丈夫服役在远方，却不能回家，我怎么能不思念呢？

丈夫去外地服役，没日没夜时间长，不知何时我们才能相会？

小鸡栖息在木架上了，太阳已经下山了，牛羊也都回来了。

丈夫远在外地服役，姑且希望他别饿着、渴着。

【赏析】

夕阳西下，一天即将结束，在外干活的人大多都回到温暖的家了。这时孤身在外的游子就特别想家，产生了思乡的情绪；家里的人呢，也会思念在外的人，妻子思念丈夫，父母思念孩子，朋友思念外出的伙伴，担心他们的生活、身体。可以说，傍晚或者晚上最容易产生忧愁与思念的情绪，所以古今中外很多诗人在表达乡愁或思念时，常选取黄昏或夜晚作为背景。

本诗的作者是一位女子。傍晚的时候，她倚靠在门上，看着通往远方的路，看到很多行人正向家里走，却没有一位是自己的丈夫。原来丈夫去外地服劳役了。她思念啊，不知道他什么时候回来，于是就唱道："君子于役，不知其期。"她心里实在思念，于是就叹了口气，说："曷至哉？"亲爱的，你什么时候回来啊，我真的想你呀。

这时候，她向家里一望，看到小鸡都一只一只回到鸡窝去了（"鸡栖于埘"）。再向门外一看，见到牛羊也都吃饱了草从外边回家了（"羊牛下来"）。是啊，太阳已经下山了，这位女子的思念就更强烈了：鸡、牛、羊都知道傍晚回家，可“我”的丈夫怎么就不回家呢？难道他还不如这些鸡、牛、羊吗？她有些伤心，有些埋怨，有些无奈——她知道自己的丈夫在外地服劳役，是想回也回不来的啊。于是她又说出了自己心中的情感——“如之何勿思”，我怎么不思念他？是的，她对丈夫的思念一刻也没有停止过。

《诗经》常采用重章叠句的手法，本诗也不例外。第二段的内容跟第一段的意思相近，也是说丈夫在外地服劳役很长时间了，他什么时候才能回来相会呢？希望他不要饿着、渴着，不要遇到疾病与危险。这是女子对丈夫朴实而深沉的感情。

除此之外，本诗还运用了反衬和首尾照应的表现手法。诗人通过鸡、牛、羊在傍晚回家，来反衬丈夫不能回家，从而加深了自己的情感——思念、牵挂、担心，甚至由爱而生的埋怨。这一反衬手法运用得十分成功。本诗第一段的开始是“君子于役，不知其期，曷至哉”，最后是“君子于役，如之何勿思”，都说了自己的思念，采用首尾呼应的方法，从中可以见出她深深的思念。

【重点词语与诗句】

1. 如之何勿思：怎么能不思念。

2. 如何：怎么。如：

这个问题，你是～想的？你将～解决？

我们这儿离他那儿太远了，我们～去？

【相关词语链接】

1. 儿行千里母担忧：孩子到外地，父母都很担心、牵挂、思念。

2. 牵肠挂肚：十分牵挂，还包含担心、思念等情感。如：

孩子在外国留学，妈妈一直～。

这么晚还没回来，父母在家里一直～。

3. 没日没夜：不分白天和晚上，形容很忙。如：

为了在圣诞节前做完这些衣服，爸爸～地干。

你总是～地工作，身体会受不了的。

4. 又饥又渴：又饿又渴。如：

走了五个小时的路，我现在是～。

5. 栖息：（鸟类）停留，休息。如：

这棵树上有一个鸟窝，那是鸟儿~的地方。

【练习题】

一、注音、组词

役____ ________ 栖____ ________ 饥____ ________

二、选择题

1. “君子于役”中的“君子”指（　）。

A. 指统治者或贵族男子　B. 人格高尚的人　C. 丈夫

2. 这首诗写妻子思念（　）的丈夫。

A. 在外服劳役　B. 在外做生意　C. 在外养鸡、放牛羊

三、用本课所学的词语知识填空

1. 晚上小鸟________在树上，小狗睡在狗窝里。

2. 那么长时间没吃没喝，我现在是________。

3. 父母一直牵挂着在外地的孩子，真是______________。

4. 你这样________地干活，简直是不要命了。

四、思考题

1. 这位女子为什么写“鸡栖于埘”、“牛羊下来”呢？

2. 这首诗表达了什么样的思想感情？

3. 你什么时候会思念家乡、亲人呢？

静女

【解题】

本诗选自《诗经·邶风》。这是写一位小伙子约会时的诗，写得活泼有趣：女孩子先是跟男子开玩笑，藏了起来，男子见不到女朋友，急得不得了，抓耳挠腮，到处寻找。后来女孩子出现了，还给了他两个礼物，这使他又惊又喜。难道礼物十分贵重吗？小伙子说，其实不是礼物有多么好，而是因为它是女孩送的。小伙子的话很好地表现了热恋中男子的心理，也表达了人类爱屋及乌的共同情感。

静女其姝[①]，俟我于城隅[②]。爱而不见[③]，搔首踟蹰[④]。
静女其娈[⑤]，贻我彤管[⑥]。彤管有炜[⑦]，说怿女美[⑧]。
自牧归荑[⑨]，洵美且异[⑩]。匪女之为美[⑪]，美人之贻。

【注释】

①静女：文静的女孩。姝（shū）：美丽。

②俟（sì）：等待。城隅（yú）：城墙上的角楼。

③爱：即“薆”（ài），隐藏。见（xiàn）：出现。爱而不见：藏起来而不出现。

④搔首（sāo shǒu）：用手挠头的样子，表示很着急。踟蹰（chí chú）：徘徊，在一个地方来回地走。

⑤娈（luán）：年轻美丽。

⑥贻（yí）：赠送。彤（tóng）管：茅草。

⑦炜（wěi）：鲜亮。

⑧说怿（yuè yì）：喜欢。女（rǔ）：即“汝”（rǔ），你，指彤管。说怿女美：喜欢你的美丽。

⑨牧：郊外。归（kuì）：通“馈”，赠。荑（tí）：白茅。

⑩洵（xún）：实在，真的。洵美且异：白茅真的很漂亮，而且很特别。

⑪匪（fēi）：通“非”，不，不是。女（rǔ）：即“汝”，指荑。

【译文】

文静的姑娘多么美丽，她约好在城墙上的角楼等我。（等我到达时）她却提前藏起来，急得我挠（náo）着头来回走。

文静的姑娘多么美好，送我一支彤管。彤管色泽鲜亮，我喜欢它的美丽。

姑娘把郊外采来的茅草送给我，这茅草真是很漂亮而且很特别。其实我喜欢白茅，并不是它有多美，而是因为它是我心爱的美丽姑娘赠给我的。

【赏析】

与女朋友约会，那是多么幸福而激动的事啊。本诗就写了男女约会的整个过程，通过描写小伙子未见到女友时着急的动作与表情及见面后收到女友的礼物的喜悦情态，完整地表现了小伙子约会时的心理变化。

诗的第一章写到：有一位文静而又美丽的姑娘，提前赶到了约会的地点——城墙角楼。她想跟小伙子开个玩笑，让男孩子尝尝等人的滋味，于是就藏了起来。等她刚刚藏好，小伙子就赶到了约会地点。他还以为女孩迟到了，就一直等待着，可过了很久，女孩仍没有出现，小伙子急得抓耳挠腮，又像热锅上的蚂蚁走来走去。“爱而不见，搔首踟蹰”，生动地表现了他急于见到女朋友的心理。他越是着急，越能说明他是一位有情人，心里深爱着女孩。

大概是看到男朋友着急坏了，女孩实在不忍心再折磨他了，就从隐藏的地方走出来，这让男孩十分高兴。见面后，女孩子就把早已准备好的礼物给了他，一个礼物是“彤管”——茅草，另一个是“荑”——白茅，男子十分喜欢，觉得礼物很美，也很特别。

东西真的很珍贵吗？不是，“匪女之为美，美人之贻”，小伙子说不是礼物有多美，而是因这是恋人送给自己的。礼物虽轻，却能看出女朋友对自己的情与爱，所以他很满足。可以说，这两句是全诗最闪光的部分，既表现了人们普遍有的“爱屋及乌”的心理，也让我们看到了一个可爱的、对爱情非常执着的小伙子的形象。

【重点词语与诗句】

1. 搔首踟蹰：形容人着急时抓耳挠腮（náo sāi），走来走去的样子。

2. 匪女（汝）之为美，美人之贻：我喜欢你（荑），不是因为你很漂亮，而是因为你是美人赠给我的。这两句表达了“爱屋及乌”的情感。

【相关词语链接】

1. 爱屋及乌：由于爱某个人，又喜欢上了停留在他屋顶上的乌鸦。比喻喜欢一个人，从而喜欢上跟这个人有关的人或物。如：

以前，我很讨厌王军，自从爱上他姐姐王丽丽后，我~，也喜欢王军了，不但不觉得他讨厌了，甚至感觉他挺可爱的。

2. 抓耳挠腮（zhuā ěr náo sāi）：着急、想不出办法时，又抓耳朵，又挠脸腮的样子。如：

考试的时候，我不会，急得我像猴子一样~。

钱包不见了，自己到处找也没找到，急得我~。

3. 馈赠（kuì zèng）：赠给东西。如：

我们~了他们一些礼物。

这是他们给的~品，有牙膏、牙刷、纸巾等。

4. 徘徊（pái huái）：在一个地方走来走去。如：

回家忘了带钥匙，他只好在门口~。

要不要给她送花？我在她家门口~了很久，仍然拿不定主意。

5. 坐卧不安：坐着躺着都不安宁，形容忧愁、担心、不安的样子。如：

女儿这么晚了还没回来，这让妈妈~。

一想到明天还有考试，我就~。

6. 急得像热锅上的蚂蚁：很着急，坐卧不安的样子。如：

我们约好的时间早就到了，可是他还没来，我在这儿~。

孩子跟他买东西时走丢了，他~。

【练习题】

一、注音，并填写同义词或近义词

搔首____ ________ 踟蹰____ ________ 贻____ ________

二、解释词语

1. 静女：______________________________。

2. 爱而不见：______________________________。

3. 说怿女美：______________________________。

4. 匪女之为美，美人之贻：______________________________。

三、选择题

1. 这首诗用生动的语言、风趣的细节，表现了一对热恋中的青年男女（ ）的场面。

A. 放牧 B. 劳动 C. 约会

2. 小伙子见不到女朋友时，十分焦急不安。诗中描写这一情景的句子是( )：

A. 爱而不见，搔首踟蹰 B. 俟我于城隅 C. 说怿女美

3. “匪女之为美，美人之贻”表达了小伙子（ ）的心理。

A. 爱屋及乌 B. 不喜欢 C. 矛盾

四、问答题

1. 小伙子见不到姑娘时，表现出什么情态？

2. 生活中我们常常会有爱屋及乌的心理，请你举出一些事例。

蒹 葭

【解题】

本诗选自《诗经·秦风》。这首爱情诗塑造了一个为爱情而痛苦的痴情小伙子的形象。一个秋天的早上，在长着芦苇的河边，小伙子深情地望着河对岸，那是他朝思暮想的女孩所住的地方。他想尽所有办法去追求，或逆流而上，但道路艰难而又漫长，无法到达；或顺流而下，而女孩好像在水中央，能看见她，跟她似乎不远，却总是难以接近她。无论小伙子怎么努力，都很难实现自己的爱情。诗歌在凄清的意境中，表达了由一种可望而不可即的爱情带来的巨大痛苦。

蒹葭苍苍①，白露为霜。所谓伊人②，在水一方③。
溯洄从之④，道阻且长⑤。溯游从之⑥，宛在水中央⑦。

蒹葭凄凄⑧，白露未晞⑨。所谓伊人，在水之湄⑩。
溯洄从之，道阻且跻⑪。溯游从之，宛在水中坻⑫。

蒹葭采采⑬，白露未已⑭。所谓伊人，在水之涘⑮。

溯洄从之，道阻且右[16]。溯游从之，宛在水中沚[17]。

【注释】

①蒹葭（jiān jiā）：芦苇。苍苍：茂盛。

②所谓：所说的。伊（yī）人：那个人，指自己所爱的那个人。

③在水一方：在河的对岸。

④溯洄（sù huí）：逆流而上。从：跟从。之：她，指伊人。

⑤阻：艰难险阻。

⑥溯游（sù yóu）：顺流而下。

⑦宛（wǎn）：好像。

⑧凄凄（qī）：茂盛的样子。

⑨晞（xī）：干。

⑩湄（méi）：岸边。

⑪跻（jī）：地势渐高。

⑫坻（chí）：水中的小洲。

⑬采采：茂盛的样子。

⑭已：止，干。

⑮涘（sì）：水边。

⑯右：向右转弯，指道路曲折，弯弯曲曲。

⑰沚（zhǐ）：水中的小沙洲，比“坻”稍大。

【译文】

芦苇长得很茂密，秋天早晨寒气重，叶上的露水结成霜。我心中的那个人儿，就住在河水的另一边。

我逆流而上去找她，可道路险阻又太长。我顺流而下去寻她，可她好像就在水中央。无论怎么寻找，总是难以接近她。

芦苇长得茂盛又细长，叶上露水还没干。我心中的那个人啊，就住在河对岸。

我逆流而上去找她，道路艰难又要登高。我顺流而下去寻她，而她仿佛就在水中的小洲上。无论如何追求她，总是无法得到她。

芦苇旺盛叶儿密，天还早啊露水未干。我心中的那个人啊，住在河水那一边。

我逆流而上去找她，路途艰险又曲折。我顺流而下去寻她，她仿佛就在水中洲。

【赏析】

爱情的失败会给人带来痛苦。一般来说，本来就不可能成功的爱情，带给追求者的伤心可能经过一段时间就慢慢消失了；而那段曾经差一点就能实现的爱情带给人的痛苦却是长久的，是让人遗憾终生的，本诗就表现了这种可望而不可即的爱情。

“蒹葭苍苍，白露为霜”描绘了一幅秋天早晨小河边清冷的画面。“蒹葭”是生长在水边的植物，这点明了地点：河边。“白露为霜”是说芦苇叶子上还带着夜间露水凝成的白霜，这就点明了时间：深秋的早上。前两句写景：秋天的清晨河边长着茂密的芦苇，空气寒冷，露水在芦苇的叶子上结成了一层白霜，远远望去，像是下了一场雪。这是多么冷清、寂寞的画面啊！诗歌的开始就给我们确定了一个悲伤的调子。

天气有些寒冷，小伙子的心情也有些迷茫感伤。为什么呢？接下来诗人直接说了：“所谓伊人，在水一方。”“伊人”就是主人公朝思暮想、牵肠挂肚的女孩，原来小伙子的“好逑”就住在河的另一边。于是他想去追寻她，希望得到她。“溯洄从之，道阻且长”，他沿着河岸向上，去寻找她，但路上障碍很多，很难走，而且路途遥远。显然，“溯洄从之”不能追求到自己梦寐以求的人。小伙子又不想放弃，于是他顺流而下去寻找，“溯游从之”，但无论他怎么寻找，总到不了她的身边，她仿佛永远在水中央，“宛在水中央”，可以望见而不可靠近。作者通过“溯洄”和“溯游”，表明自己想尽一切努力去追求她，可无论他怎么努力，却总是无法实现。有时感觉自己离目标很近，却得不到。自己十分接近成功，但都失败了，这种痛苦和遗憾是无法用言语来表达的。

诗歌下面两章只换了几个字词，采用了重章叠句的手法，便于反复咏唱，这在《关雎》、《君子于役》、《静女》三首诗中都可见到。本诗每一章的韵相同，首章“苍、霜、方、长、央”都是ang韵，次章“凄、晞、湄、跻、坻”都是i韵，第三章“采、已、涘、右、沚”也是i韵，读起来悦耳动听，十分美妙。

虽然这位小伙子没有收获到美满的爱情，但是他的真情表白却给我们留下了这篇千古名作。这首诗创造了凄凉悲伤的意境，具有很高的艺术成就。

【重点词语与诗句】

1. 所谓伊人，在水一方：我心中的那个人儿，就住在河水的另一边。形容无法得到所爱之人。

2. 溯洄从之，道阻且长；溯游从之，宛在水中央：（我）逆流而上去找她，可是道路险阻又漫长。（我）顺流而下去寻她，可她好像就在水中央。表示无论怎么寻找，总是难以接近；也可以表示不管我们怎么做，都很难达到目的、完成任务。

【相关词语链接】

1. 绿草萋萋（qī）：绿草长得很旺盛。如：

春天来了，到处～，花红柳绿。

2. 若隐若现：隐隐约约，看不清楚。如：

村外一片漆黑，只有一点火光～。

远处的山在云雾中～。

3. 若即若离：好像很接近，又好像很疏远。形容对人的态度不冷不热，不是很亲密，又不是很陌生，保持着一定的距离。如：

他跟我总是～，既不是关系很好，也不是关系很差。

4. 可望而不可即：可以看见，但不能接近。常比喻目前还不能实现的事物。如：

我数学不太好，一百分的成绩对我来说是～的。

我是不敢追她的，她给人的感觉是～的。

5. 朦胧（méng lóng）美：形象不是很清楚，人们可以通过猜测、想象而感受到的含蓄美。如：

《蒹葭》中所塑造的“在水一方”的女子就具有一种~。

云雾中，张家界风景区给人以~的感觉。

6. 朝思暮想：早晚都想念。形容非常想念或经常想着某个人、某件事。如：

离开了四十年，现在我终于回到了~的故乡。

他是我~的人，我怎么会害他呢？

【相关歌曲链接】

在水一方

（台湾电视剧《在水一方》主题歌 邓丽君演唱）

绿草苍苍，白雾茫茫，有位佳人，在水一方。
绿草萋萋，白雾迷离，有位佳人，靠水而居。

我愿逆流而上，依偎在她身旁。无奈前有险滩，道路又远又长。
我愿顺流而下，找寻她的方向。却见依稀仿佛，她在水的中央。

我愿逆流而上，与她轻言细语。无奈前有险滩，道路曲折无已。
我愿顺流而下，找寻她的足迹。却见仿佛依稀，她在水中伫立。

绿草苍苍，白雾茫茫，有位佳人，在水一方。

【练习题】

一、选择题

1. 这首诗的每章先描写景物，如蒹葭茂密，白露未干，作者通过这些景物表现什么？（ ）

A. 既描写了自然景色，又表达了作者凄清、悲凉的心情

B. 只是描写秋天的自然景色

C. 植物生长旺盛

2. “宛在水中央”、“宛在水中坻”、“宛在水中沚”表达了诗人怎样的心情？（ ）

A. 伊人可望而不可即

B. 伊人住在水中

C. 游过去就可以亲近她

二、用本课所学的词语、诗句等知识填空

1. 我对她是真心的，可她对我却总是________，不冷不热。

2. 那个东西看起来不太清楚，朦朦胧胧，________。

3. 细雨下的西湖，给人以________的印象。

4. 蒹葭苍苍，________；所谓伊人，________。

5. 溯洄从之，________；溯游从之，________________。

三、思考题

1. 小伙子为追求自己的爱情做了哪些努力？结果怎么样？

2. 谈谈本诗所表达的凄清感伤的意境美。

3. 《关雎》和《蒹葭》两首诗歌运用了重章叠句的表达方式，请反复朗读，谈谈自己对“重章叠句”的认识。

第二章　汉代诗歌

垓下歌

项　羽

【解题】

项羽是秦朝末年起兵反秦的重要人物。他敢打敢杀、英勇善战，所领导的起义军在推翻秦朝的过程中起到了重要的作用。秦朝灭亡以后，他与刘邦都想当皇帝统治全国，又展开了激烈的战争，但最终项羽失败，刘邦建立了汉朝。

作这首诗时，项羽被刘邦的军队包围在垓下（在今安徽灵璧县南沱河北岸），士兵所剩不多，粮食几乎用尽。项羽自知失败是不可避免的，于是对着自己最心爱的女人——虞姬，唱出了这首慷慨悲凉的歌。从他的歌唱中，我们能听出，他对自己力大无比、英勇盖世感到自豪，也对四面楚歌、穷途末路的战争不利局面感到无奈与悲伤。唱完后，他率领部队突围，凭借自己的本领逃跑到乌江边（今安徽和县东北），但最终因无颜面对江东父老而在乌江自杀。

力拔山兮气盖世①，
时不利兮骓不逝②。
骓不逝兮可奈何③！
虞兮虞兮奈若何④！

【注释】

①兮（xī）：啊。气：豪气，勇气。盖世：（才能、功劳等）天下第一，超过别人。项羽形容自己不但力气大，而且是天下最勇敢的人。

②时：时机，这里指战争。时不利：战争对自己不利。骓（zhuī）：乌骓马，一

种好马。逝（shì）：向前去。“骓不逝”指自己的马也不能前进，不能英勇杀敌了。这句话形容战争对自己十分不利，连自己的马都不能向前奔跑，帮助自己打敌人了。

③奈何：怎么办。这句话的意思是：现在不但“时不利”，而且还“骓不逝”，情况很糟糕。这里表现了项羽自己也无可奈何，没有办法。

④虞（yú）：虞姬。奈若何：你将怎么办呢？这句话表明项羽自己已经做好了死亡的打算，但是他不知道自己死后，虞姬该怎么办？他该怎么安排虞姬的将来？也就是说，项羽在叹息自己活着时可以保护虞姬，让她幸福，但是自己死后就不能保护她了。

【译文】

我的力量足以拔起大山，我的豪气世上无人可比。

现在时局对我不利，连我的乌骓马也跑不起来，不能飞奔了。

乌骓马不能前进，我能怎么办？

虞姬啊虞姬，以后你将怎么办呢？

【赏析】

这是项羽在与敌人决战前所作的最后一首诗。在这首诗里，项羽既有对自己才能和勇气的自信、自豪与骄傲，也有对时局不利的悲伤，更有对无力保护自己心爱女人的无奈。可以说，短短的四句诗包含着丰富的内容和复杂的感情。

诗歌的第一句，项羽回忆了自己的光辉过去，认为自己是一个举世无双的英雄，力大可以拔山，勇气超过了任何一个人，是天下第一号英雄。“力拔山”形容他力大无比，采用的是夸张的手法。“气盖世”概括了他辉煌的反秦功绩，表现了他曾经指挥千军万马的领袖形象。

回忆从前他十分自豪，可是现在呢？显然他现在的处境很糟糕，战事对他极为不利。第二、三句“时不利兮骓不逝。骓不逝兮可奈何”，意思是由于战争不利，甚至一直伴随他的那匹名马（骓）也跑不动了，不能帮他杀敌了。

这里需要特别指出的是：项羽为什么还提到乌骓马的不能前行呢？难道它那么重要吗？我们知道，在古代，马对将军们来说是很重要的。乌骓马就是项羽的宝贝，多年来一直跟着项羽，到处打仗，每一次战斗它都冲在最前面，打败敌人，所以项羽的很多功劳里都有乌骓马的一份。可是现在“骓”不能向前冲了，项羽很无奈，也许他有了预感：自己要失败了。

在这种情况下，他不能不为身边的人考虑今后的出路了。虞姬是他深爱的、常年陪伴他打仗的美人，毫无疑问，在他死后，虞姬的命运将会十分悲惨。一想到自己曾经多么威风，多么厉害，可是不久就不能保护自己深爱的女人了，他自责，也很无奈。他像问虞姬，又像自言自语："虞兮虞兮奈若何？"意思是：虞姬啊虞姬，你怎么办呢？语言很简短，却包含着一位勇士的柔情和牵挂！

这首诗不长，但内容很丰富，概括了项羽的一生，也表现了他丰富的内心世界：刚中有柔，豪放而又多情。

【重点词语与诗句】

1. 力拔山兮气盖世：力量极大，可以拔起大山；英雄盖世，无人可比。现常用于赞美一个人不但力气大，而且有豪气。

2. 虞兮虞兮奈若何：虞姬啊虞姬，以后你将怎么办呢？现常用于表达自己很无奈的心情。

3. 时不利：时局不利，时机不好。

【相关词语链接】

1. 力大无比：力气最大，没有人能比得上。如：

他能拉动一辆汽车，真是～。

2. 英雄盖世：大英雄，无人可比。如：

关羽～，令人佩服。

3. 无可奈何：自己也没有办法。如：

爸爸年纪很大了，可非要去上海旅游不可，我怎么劝他也不听，最后我也～，让他去了。

4. 穷途末路：形容无路可走，到了失败或灭亡的地步。如：

当年他很辉煌，做的生意很大，但现在因为经营不善等问题，公司已经到了～的地步。

5. 四面楚歌：项羽为楚王，刘邦为汉王，两人为争夺天下进行了激烈的战争，当时项羽的军队驻扎在垓下，兵很少，被刘邦的军队层层包围．夜晚项羽听到四面传来了楚地的民歌，吃惊地说："难道刘邦已经把我们楚地都占领了？为什么唱歌的楚人这么多?”“四面楚歌”比喻自己四面受敌，孤立危险，无人帮助。如：

他现在工作失去了，又跟妻子离婚了，儿女还不理他，兄弟姐妹也厌恶他，这真是~啊。

6. 有勇无谋：只有勇气，没有计谋。指做事只靠力气，十分勇敢，但不太会用脑子想事情。如：

他只知道打、打、打，杀、杀、杀，从来不会想办法解决，是一个~的人。

《三国演义》里的张飞就是~的人。

他~，经常会因为一时冲动而做错事。

【练习题】

一、用本课所学的词语、诗句等知识填空

1. 项羽只会用力气跟别人打仗，________，最后被机智的刘邦打败了。

2. “力拔山兮气盖世”概括了项羽的本领和气质，用成语来表达即是________和________。

3. 所有的人都反对我，我现在已经是________，没办法再待在这个公司了。

4. 他非要去旅游不可，我怎么说他也不听，最后________地同意了。

二、注音、组词

逝____ ________ 盖____ ________ 谋____ ________ 奈____ ________

三、思考题

1. “力拔山兮气盖世”的项羽曾经是西楚霸王，地位很高，最后却落了个四面楚歌的下场，原因是什么?

2. 项羽是一代英雄，最后却连自己最喜爱的虞姬的生命都保护不了，他的内心有什么样的感受?

上　邪

【解题】

这首诗是汉乐府民歌。“乐府”本是汉武帝时设立的一个管理音乐的机关，除了将文人的诗配乐演唱外，还负责采集民歌。后来人们把这些乐章、歌辞称作“乐府诗”或“乐府”。现存两汉乐府民歌仅四十多首，它们多出自下层人民之手，风格直率自然。

《上邪》是一首具有浪漫色彩的情诗。作者是一位女子，她对天发誓，要与“君”永远在一起。她提出如果五种情况发生了，才会跟男子分离，但实际上这五种情况都是不可能出现的，如“山无陵，江水为竭”，女子以此表示对爱情的执着与坚定。

上邪[①]！我欲与君相知[②]，长命无绝衰[③]。

山无陵[④]，江水为竭[⑤]，冬雷震震[⑥]，夏雨雪[⑦]，天地合[⑧]，乃敢与君绝[⑨]。

【注释】

①上邪（yé）：天哪。

②欲：想。相知：相亲相爱。

③长命：永远。绝衰：减少，断绝。

④陵（líng）：山陵，山顶。

⑤江水：长江的水。竭（jié）：枯竭。

⑥震震：雷声很大。

⑦雨：下。雨雪：下雪。

⑧天地合：天和地合在一起。

⑨乃：才。绝：断绝，分手。

【译文】

天啊！我想和你相亲相爱，爱情永远不衰竭。

只有高山失去山峰，江水完全枯竭，冬天雷声阵阵，夏天下大雪，天地合在一起，我才肯和你断绝！

【赏析】

汉乐府民歌都是老百姓劳动、生活的真实反映，所谓饥饿的人歌唱他的食物，劳累的人歌唱他的劳作，恋爱的人歌唱他们的爱情，所以这些民歌都有真实自然的特点。本诗是女诗人用朴素的语言表达的爱情誓言——永不分离，具有感动天地的力量。

或许男子与女子因为一件事情而发生误会，男子开始怀疑女子对自己的爱情，于是女主人公对天发誓，让天给自己作证。她说“天啊，我想和你相亲相爱，我们白头到老，爱情永远不衰竭”，希望男友相信并接受她的爱。

也许她觉得这样说还不能表达自己的决心，接下来就一连假设了五种不可能出现的自然现象，“山无陵，江水为竭，冬雷震震，夏雨雪，天地合”，指山峰失去了山顶，长江的水枯竭，冬天打雷不断，夏天常常下雪，天与地合在一起，这五种情况发生了，自己才会跟男友分开——“与君绝”。看，这些假设一个比一个特别，一个比一个离奇，我们忍不住要问：这能实现吗？它会发生吗？当然，这是不可能发生的，更何况这五种情况是根本不可能同时出现的。既然这些情况不能发生，那么，她跟男友的关系就不会断绝了。如同某人不想借钱给别人，他这样说：“你当了总统，成为亿万富翁，变成全世界的偶像，我才借钱给你。”是啊，当他当了总统，成了富翁，变成偶像时，他还会借钱吗？显然他不会借钱，所以这些只是某人不想借钱的理由或借口。同样的，本诗的女主人公所说的假设，是她至死不变的爱情誓言，看上去可笑、荒唐，其实是十分严肃、认真的。

总之，这首诗想象丰富，构思奇特，是一首优秀的短诗。

【重点词语与诗句】

山无陵，江水为竭，冬雷震震，夏雨雪，天地合：高山失去山陵，江水完全枯竭，冬天雷鸣，夏天下雪，天地合在一起。

【相关词语链接】

1. 天哪：跟英语“我的上帝”用法相同，表示吃惊、难以相信或无奈之情。如：

~，怎么会这样呢？昨天这些虾儿还好好的，现在都死了。

~，我的东西都没了，这日子怎么过呀？

2. 震耳欲聋：声音很大，震得人的耳朵都要聋了。如：

瀑布的水声很大，~。

隔壁宿舍放的音乐~，我实在看不下去书了。

3. 相亲相爱：人们之间感情很好，尤其指夫妻间。如：

爸爸妈妈一辈子~，从未吵过架。

他们昨天离婚了，因为从一开始他们就没有真正～过。

4. 白头偕老：夫妻二人共同生活到老，形容感情好。如：

祝二位新人幸福美满，～。

5. 枯竭：（水、才能等）干枯，衰竭。如：

这儿好几个月都不下雨，小河的水都～了。

我都坐了一天了，也没写出几个字来，哎，才思～了。

6. 知己：很好的朋友，指很了解自己的朋友。如：

他是我无话不谈的～。

我们是～，虽相隔千里，但能互相关心。

7. 对天发誓：对着天说誓言，用来表示自己的决心。如：

我～，如果我欺骗了你，我的公司就会破产。

我会爱你一辈子的，如果你不信，我就～。

8. 海枯石烂：海水干枯、石头腐烂。这几乎是不可能发生的事情，常用来表达爱情，形容自己很坚定，永远不变。如：

我爱你爱到～。

我对你的爱，～，永不变心。

【练习题】

一、选词填空

天哪　　海枯石烂　　震耳欲聋　　相亲相爱

民歌　　对天发誓　　白头偕老

1. 雷声太大了，简直是________。
2. 祝你们 ________，永远幸福。
3. 我们的爱，________，永不改变。
4. ________，你怎么说这种话啊？
5. 你怀疑我？好，我________，绝对没有说谎。
6. 汉乐府大多是________，不是文人诗。
7. 我们都是________的一家人，感情很好。

二、组词

欲________　　绝________　　衰________

陵________　　竭________　　震________

三、思考题

1.《上邪》中五种不可能发生的自然现象是什么？

2. 诗人说出这五种假设的目的是什么？从中能否看出她对爱情的态度？

3. 请你模仿这首诗的写作方法，表达你不愿意做某件事情。

上山采蘼芜

【解题】

《上山采蘼芜》是一首汉乐府民歌，属于叙事诗，通过弃妇和前夫在山下重逢时的对话，表现了这名女子的可怜命运，重点批评了前夫喜新厌旧、对爱情不专一的性格。诗歌先是弃妇问前夫："新人"怎么样？前夫回答说：新人干活不如你。弃妇回忆当年被遗弃的情景，有些伤心，而前夫通过对前妻与后妻在织布方面的比较，说"新人不如故"，很后悔自己离婚。通过男女对话，我们了解到：他们以前是一对夫妻，后来男子爱上了别人，于是抛弃了这名女子，而现在男子又觉得新妻不如前妻能干，觉得前妻好，不太喜欢新妻了。无疑，这个男子是感情易变、不可靠的人，是重物质而轻感情的人。诗歌用短短的对话，描绘了男子丑陋而可恶的嘴脸。通过对话来表现人物性格，是汉乐府诗的一个特点。

上山采蘼芜[①]，下山逢故夫。

长跪问故夫[②]："新人复何如？"
"新人虽言好，未若故人姝[③]。
颜色类相似[④]，手爪不相如[⑤]。"

"新人从门入，故人从阁去[⑥]。"

"新人工织缣，故人工织素⑦。
织缣日一匹⑧，织素五丈余。
将缣来比素⑨，新人不如故。"

【注释】

①蘼芜（mí wú）：一种香草，叶子晒干后可做香料。古人认为蘼芜可使妇人多生孩子。

②长跪：是一种坐的姿势。

③姝（shū）：好。"姝"不仅指容貌好，还指感情好。当年"新人从门入"的时候，"故人"是丈夫憎厌的对象，而被抛弃了；当新人入门不久，丈夫又讨厌她了，觉得她不如故人好。这里就把男子喜新厌旧的心理表现出来。

④颜色：容貌，长相。类相似：差不多。

⑤手爪：指纺织等干活能力。不相如：不如。这句是说新妻不如旧妻能干。

⑥阁（gé）：旁门，小门。新妇从正门被热热闹闹地迎进来，而前妻从旁边小门伤心难过地离开了。这句话可以看出前妻对当年所受的委屈表达了不满。

⑦工：工于，指很会做。缣（jiān）、素：都是丝织品。"缣"是黄色的，价格便宜；"素"是白色的，价格贵一些。

⑧一匹：长四丈，宽二尺二寸。

⑨将：拿，用。

【译文】

弃妇上山采蘼芜，下山时遇到抛弃她的丈夫。

弃妇坐着问前夫："新人怎么样？"前夫回答她说："新人虽然说不错，但不如你好。你们两人差不多漂亮，但是她干活不如你。"

（前夫的话深深伤害了她，她想起了当初被抛弃的场面）她说："当初新人从大门被热热闹闹地迎接进来，而我则从小门灰溜溜地逃走。"

男子继续说："新人会织便宜的缣，你会织名贵的素。她一天织四丈缣，而你则织五丈素。拿缣布来比素布，新人不如你（故人）。"

【赏析】

弃妇独自一个人上山采蘼芜，下山时遇到前夫，于是两人有了下面的对话。女子坐着问前夫："新人复何如?"就是说：你现在的妻子比我又怎么样？一个"复"字用得很好，"复"是"又"的意思，既表达了她的一点嫉妒，有两个女人比较的意思，又透露了自己被人抛弃后的委屈怨恨。前夫则回答："她的长相跟你差不多，干活可不如你又快又好。"男子现在还很怀念前妻的能干。看来这个男人对妻子的评价标准，不是互相有无感情，而是她要能干，会纺织。因现在的妻子不能干，他就觉得"未若故人姝"。这是一个多么自私、无情的人，那么当年他抛弃前妻，做出这样的事也就再正常不过了。

前妻听了他的"赞美"——夸她很能干，不但没有高兴，反而更加痛苦。她想：既然你喜欢我的能干，为何当年你喜新厌旧，抛弃了我。前妻的心很痛，她的眼前出现了当年自己灰溜溜离开的场景："新人从门入，故人从阁去。"前夫当年娶新人时是热热闹闹的，又是敲锣打鼓，又是放鞭炮，把新人从大门里接进家门；而自己拿了几件旧衣服，脸上流着泪，心像被刀子割了一样，很狼狈、很没面子地从小门偷偷走了。前夫对待自己，就像扔破东西一样，毫不珍惜。这个无情的人，现在却说这种话，她能不生气吗？心里能舒服吗？

前夫或许没看出她的心理变化，还在那儿继续比较他的前妻和新妻，说新妻织的布不但质量不好，而且数量不多，而前妻织的布不但质量高，而且数量多，所以这个重视财物的男人说"新人不如故"。这是一个既好色又好财的男子，通过他自己的表白，把他性格中最丑陋的一面表现出来了，这就是乐府诗的艺术表现力。

这首诗语言简单明白，采用男女对话的形式，一问一答，作者并没有直接说出自己的观点，而是通过事实表达出来，那就是作者同情弃妇的不幸遭遇，批评前夫爱情不专一而又自私自利的性格。或许有人说，诗歌中并没有写弃妇怨恨前夫，没有写弃妇的哀怨委屈。事实上，弃妇的不满与怨恨深藏在心中，她只是通过"新人从门入，故人从阁去"稍微露出自己的埋怨。作品用了很大的精力写前夫对弃妇的怀念，赞美前妻的能干，这一方面是说弃妇是一个美丽勤劳的女子，另一方面是说她的被弃是完全无辜的，这么好的人还被抛弃，只能说这个男子人品不佳，是一个喜新厌旧的人。所以，尽管作者没有直接对男子进行任何批评和责备，但内含的责备是很明显的。可以说，这是诗歌的高明之处。试想，如果女子见了男子就开口大骂，即使以前她是受害者，我们也不会同情她。而现在他们见面后，前妻没有多说什么，读者会觉得她是一个温柔善良能干的女人，从而加深对男子的厌恶之情。说到这里，我们又禁不住为那位“新人”的命运感到担忧，她会不会也像“故人”一样被这位男子抛弃呢？诗歌没有说，但每个读者心中都会有自己的答案。汉乐府叙事的结尾总给人以想象的空间，这就是它的艺术魅力。

【重点词语与诗句】

1. 颜色：诗中指人的相貌。现在指各种颜色，如红色、白色、蓝色等。

2. 手爪：诗中指人干活的能力，如织布等。在现代汉语中，“手”、“爪”意思不同，“手”指人的手，“爪”指动物的爪子。

3. 颜色类相似，手爪不相如：你们两人的长相差不多漂亮，但是她干活不如你。

4. 新人从门入，故人从阁去：当初新人从大门被热热闹闹地迎接进来，而我则从小门灰溜溜地离开。

5. 新人工织缣，故人工织素：新人擅长织缣，你擅长织素。

【相关词语链接】

1. 喜新厌旧：喜欢新的，厌恶旧的。形容人不专一，变来变去。如：

小王一看到新款的手机就买，然后就扔掉以前的，真是一个～的家伙。

我不喜欢你～的性格，因为你一见到漂亮的女孩子，就想追。

2. 朝三暮四：比喻反复无常，变化多样。如：

你对爱情不能～，要专一，否则，就没有一个女孩子喜欢你。

我们做事情要有目标，不要～，今天想这样做，明天又改成别的了。

3. 工于/擅长（shàn cháng）：在某一方面有特长，做得很好。如：

他～书法，也～画画。

4. 狼狈（láng bèi）：形容处境艰难，或遇到难堪而很不好意思。如：

今天外出遇到大雨，衣服都淋湿了，我很～。

老师问了我几个问题，因为没有准备，所以回答时很～。

5. 男儿爱后妇，女子重前夫：诗句出自东汉作家辛延年《羽林郎》。意思是：（夫妻两人离婚，后又各自结婚）男子大多喜欢新娶的妻子，而女子却总是喜爱她以前的丈夫。形容男子喜新厌旧，朝三暮四；而女子感情专一，始终不渝。

【练习题】

一、选词填空

手　爪子　叙事诗　抒情诗　对话　议论　喜新厌旧

1. 本诗采用男女主人公________的形式展开故事。

2. 这首诗是________，写一位妇女与前夫见面后对话的事。

3. 我是一个感情专一的人，不是________的人。

4. 动物的________很厉害，一下子就把人的________抓破了。

二、解释画线词语的意思

1. 他在机器厂做工

2. 他工于山水画

3. 颜色类相似，手爪不相如

三、思考题

1. 你觉得诗中的这个男人怎么样？用学过的成语来形容他的性格。

2. 女主人公对男子是什么样的感情？

3. 如果你遇到这样的男子，会怎么做？

4. 在对待感情上，你觉得男性和女性有没有区别？东西方的男性或女性有没有区别？

长歌行

【解题】

这首诗是乐府诗，它以葵菜、东流水作比喻，告诉人们要珍惜时间：时间如流水，一去不再回。年轻时不珍惜，等到年老时再后悔、再叹息就没有意义了。“少壮不努力，老大徒伤悲”是名言佳句，劝告人们要珍惜青春年华，及时努力，不要等老了再后悔。

青青园中葵①，朝露待日晞②。
阳春布德泽③，万物生光辉。
常恐秋节至④，焜黄华叶衰⑤。
百川东到海⑥，何时复西归⑦？

少壮不努力⑧，老大徒伤悲⑨。

【注释】

①葵（kuí）：古代的一种蔬菜。

②朝露（zhāo lù）：早晨的露水。晞（xī）：晒干。

③阳春：春天。布：散布，洒满。德泽（zé）：恩泽，指阳光和雨水等给予万物，使它生长。春天，充足的阳光和雨水，洒向万物，万物得到它们的恩泽，生长旺盛。

④秋节：秋季。这句是指葵菜常常害怕秋天的到来。秋天来了，就意味着花草等生命快要结束，死亡即将到来。

⑤焜（kūn）黄：枯黄。华：同“花”。衰（cuī）：凋落，这句话指秋天时植物的花儿衰落，叶子枯黄、凋落。

⑥百川：无数条江河。川，河流。

⑦复：再。

⑧少壮：年轻。

⑨老大：年老。徒：白白地。

【译文】

园中的葵菜青翠繁盛，茁壮生长，早晨叶子上的露水到太阳出来后就被晒干了。

春天阳光照着大地，雨水洒向人间，它们给万物布施恩泽，花草树木生长旺盛，欣欣向荣。

葵菜常怕秋天的到来，花儿凋落，树叶枯黄，生命不再。

无数河流向东流向大海，一去不返，它们何时能重新返回西方？

年轻时如果不及时努力，到老时只能是白白地伤悲。

【赏析】

时光是多么奇妙啊，它陪伴着我们从幼儿走向少年，又从少年走向青年，从青年走向中年，从中年走向老年，从一无所知到学有所成。平时我们常常感觉不到它的存在，好像它是可有可无的。可是突然有一天，我们发现了白头发，看到了脸上的皱纹，这才想到了时间：时间不知不觉地过去了，自己怎么也老了呢？在生活中，很多人都是年轻时不觉得时间珍贵，不懂得珍惜，而到了老年才觉得剩下的时间不多了，才会感叹伤心，后悔当初浪费青春。实际上，珍惜时间的道理，人人都知道，要想把这个道理在诗歌中表达好，却并不容易。如果只是说教，是很难给人们留下深刻印象的。但这首诗运用了两个比喻，通过葵菜春长秋衰以及河水东流大海不复回的自然现象，形象地说明了人要珍惜时光、及早努力的道理，所以更能教育人、说服人。

这首诗首先给我们描绘了一幅春天充满生命的美丽图画：清早，菜园里的葵菜长得绿油油的，叶子上还带着露水；等到太阳升起，露水就晒干了，葵菜在阳光的照耀下成长。春天是美好的，它的雨水、露水、春风、阳光等都给了万物生命，树木花草都接受了它们的恩惠而茁壮成长。

那些生机勃勃的万物，总有衰老的时候。是啊，一到秋天，一切都变了模样：鲜艳的花儿没了，绿叶黄了又落了，草儿也枯死了。所以万物最害怕秋天的到来，"常恐秋节至，焜黄华叶衰"，花草树木等都失去了鲜艳的光泽，让人伤感。但无论你喜欢还是厌恶秋天，无论你心中是伤感还是喜悦，秋天总会来的。那么我们只有珍惜春天，让生命得到美好的发展，到秋天时才不会叹息悲伤。

孔子站在河岸上，感叹说"逝者如斯夫，不舍昼夜"，时间就像东流的水一样，白天黑夜不停地流去，不再回来。诗人也有同样的感受，说"百川东到海，何时复西归。"水东流，不能回，人老了，也不能重新回到年轻时，因此我们在年轻时如果不珍惜时光，好好努力，到老的时候就只能白白地悲伤叹息。"少壮不努力，老大徒伤悲"，作为全诗的结尾，正表达了作者写这首诗的目的。

这首诗先写物，再由物写到理，亲切生动，自然感人，是一首艺术性与思想性相结合的优秀作品。

【重点词语与诗句】

1. 阳春布德泽，万物生光辉：春天阳光照大地，雨水洒人间，布施恩泽，万物生长旺盛，一派繁荣景象。形容春天万物生机勃勃的样子。

2. 百川东到海，何时复西归：百川东流到大海，何时才能重新返回西方？

3. 少壮不努力，老大徒伤悲：年轻时如果不及时努力，到老时只能是白白地伤悲。

【相关词语链接】

1. 徒劳无益：徒劳无功，没有一点好处。如：

他的汉语水平很低，你却给他讲古文，即使你讲三天也是～。

你要好好考虑一下该怎么做，不要忙了半天，最后还是～。

2. 阳春三月：指农历三月，形容春光明媚的样子。如：

～，我们到郊外旅游。

3. 君不见黄河之水天上来，奔流到海不复回：诗句出自李白《将进酒》。意思是说你难道没有看见，汹涌澎湃的黄河水好像从天上流下来，它滚滚东去，奔向东海，永远不会回来。诗人以眼前黄河水的奔流东去、一去不复返来表达对时光流逝、人生易老的感叹。

4. 子在川上曰："逝者如斯夫，不舍昼夜。"句子出自孔子《论语》。意思是说孔子站在河岸上，看着向东流去的河水说："一去不复返的时光就像这河水一样，日夜不停。"这句话表达了孔子对时光如流水、一去不复返的感叹，希望人们珍惜时间。

5. 一寸光阴一寸金，寸金难买寸光阴。失落寸金容易找，失落光阴无处寻：光阴指时间。这四句诗的意思是一寸光阴跟一寸长的黄金一样贵重，但一寸长的黄金却不能买到一寸光阴。一寸长的黄金丢了还容易找回，但时间浪费了是没有地方去寻找的。比喻时间十分宝贵，甚至比金子还珍贵，一旦失去了就永远回不来了。

6. 世上没有卖后悔药的：指做事之前要考虑好，如果把事做错了，再后悔就来不及了。"后悔药"是专门医治后悔的药，事实上它是不存在的，因此卖后悔药的人也不存在。如：

我觉得他是一个很优秀的人，脾气也很好，你跟他离婚以后会后悔的，记住～。

我真后悔没好好学习，以至于考试不及格，哎，虽说～，但是如果有卖后悔药的就好了。

【练习题】

一、注音、组词

朝①____ ________ 露①____ ________ 辉____ ________

②____ ________ ②____ ________ 悲____ ________

二、用本课所学的诗句、词语等知识填空

1. 少壮不努力，________________。

2. 子在川上曰："______________________________。"

3. 一寸光阴一寸金，______________________。______________________，______________________。

4. 所有的事物（包括人）都会经过出生、成长、壮大、衰老、死亡的过程。诗中先以菜园中的________菜为例：春天它生长旺盛，充满生气，但是到了____天就要枯萎死亡了。如果人们到生命衰落甚至结束的时候，才开始后悔当初不珍惜时间，那是没有用的，就像“________________，何时复西归”，河水一去不复返，永远没有机会再回到西方了。

5. 孩子确实丢了电脑，但你现在骂他，也________________，东西也骂不回来。

6. 小华：我真后悔当初没有接受那份工作，现在都失业这么长时间了。

父亲：是啊，________________________，你今后做事时一定要先想清楚再做。

三、思考题

1. “少壮不努力，老大徒伤悲”说明了一个什么道理？

2. 介绍你们国家有关珍惜时间的格言。

第三章　魏晋南北朝诗歌

龟虽寿

曹　操

【解题】

曹操，字孟德，是汉代末年杰出的政治家、军事家和诗人。他与两个儿子曹丕、曹植都有很高的文学成就，并称“三曹”。

曹操是在汉末镇压黄巾军起义的过程中慢慢发展壮大的。在汉献帝建安十二年五月的官渡之战中，他以少胜多，打败袁绍，力量大增，逐渐统一了北方。曹操后又出兵南方，在赤壁被孙权、刘备的联合军队打败，退回北方。后来他被封为魏王，魏、蜀、吴三国鼎立的局面初步形成。他的儿子曹丕称帝后，尊称他为魏武帝。

本诗主要表达了曹操建功立业的理想与追求。“老骥伏枥，志在千里。烈士暮年，壮心不已”，是人们所熟悉的诗句，它具有激励人们积极向上的精神力量：人只要生命不停止，奋斗就不能停止，即使到了老年，也要努力前进，不能贪图享受而不思进取。

神龟虽寿，犹有竟时①。
腾蛇乘雾，终为土灰②。
老骥伏枥，志在千里③。
烈士暮年，壮心不已④。

盈缩之期，不但在天⑤；
养怡之福，可得永年⑥。
幸甚至哉，歌以咏志⑦。

【注释】

①神龟：相传这种乌龟能活几千岁。寿：长寿。竟：结束，死亡。这两句是说乌龟虽能长寿，但也有死亡的时候。

②腾（téng）蛇：传说与龙相似，能腾云驾雾。这两句是说腾蛇即使能乘云驾雾，在天上飞行，最终也得死亡，变成灰土。

③骥（jì）：千里马。伏：身体趴在马槽上，形容马的身体很虚弱，马腿不能站着吃草，只能伏在马槽上吃。枥（lì）：马槽。这两句话是说老马身体弱了，只能伏在马槽上吃草，尽管如此，它的理想仍很远大，那就是奔跑到千里之外的地方去。

④烈士：有雄心壮志的人。暮年：晚年。已：停止。

⑤盈（yíng）：长。缩（suō）：短。盈缩：指人的寿命长短。不但：不仅仅，不只。

⑥养怡（yí）：指调养身心，保持身心健康。永年：长寿。

⑦幸：庆幸。至：极了。哉（zāi）：啊。歌：唱。以：用。咏：表达。志：心愿。这两句是说我真是幸运极了，就用歌唱来表达自己的思想感情吧。曹操的乐府诗常用这两句作结尾，如《观沧海》，因此这两句跟诗歌的具体内容没有多少关系，只是配乐演唱时所加。

【译文】

神龟的寿命虽然很长，但也有生命结束的时候。

腾蛇尽管能在天上腾云驾雾，但总有一天会死亡，变成灰土。

年老的千里马虽然身体很虚弱，只能伏在马槽上吃草，但它的志向仍然是奔跑到千里之外。

有远大理想的人即使到了晚年，他的雄心壮志也不会停止。

人的寿命长短，不只是由上天所决定的。

只要自己保养得好，精神愉快，也可以长寿。

真是幸运极了，我用歌唱来表达自己的思想感情。

【赏析】

《龟虽寿》是一首富有哲理的诗，表达了曹操乐观自信、顽强进取的精神，对后人产生了积极的影响。

曹操首先说，世界上的一切事物总有死亡的那一天，“神龟虽寿，犹有竟时。腾蛇乘雾，终为土灰”，即使是这些长寿的神龟、能在空中腾云驾雾的腾蛇，也有死亡的时候。“神龟虽寿”，说它的命长；“腾蛇乘雾”，说它的本领高。不管你是谁，就是秦始皇、汉武帝这些皇帝，最后都成了土灰。

那么，人们——尤其是老年人——活着时应该怎样做？不同的老年人对待生活的态度确实有所不同。第一种认为自己老了，活着的时候就要及时行乐、尽情享受，不用像年轻时那么拼命工作；第二种则认为自己剩下的时间不多了，就更应该珍惜时间，过得有意义、有价值。曹操是怎样考虑的呢？

曹操是一个很有抱负的人，他当然认为人要采取第二种生活态度，要积极进取、建立功业。“老骥伏枥，志在千里。烈士暮年，壮心不已”，千里马已老，连吃草都只能伏在马槽上，可是它不因年老而放弃理想，还是“志在千里”，这就显示了千里马的宝贵精神。有雄心壮志的人也是一样，即使到了晚年，也同样雄心不减，理想常在。这四句是全诗的中心，表达了高远的理想，激励着人们不断进取。

接下来，曹操讲了人的寿命长短跟每个人的后天保养有关系。“盈缩之期，不但在天；养怡之福，可得永年。”人的寿命长短，不仅仅由上天决定，还掌握在你自己的手中。如果人们注意物质上的保养，又有愉快的心情，那就可以长寿。诗人好像是讲养生，其实在表达一种不服老的人生态度。

最后两句“幸甚至哉，歌以咏志”是曹操按照乐府结尾的格式写的，并没有多少实际意义。

总之，这首诗受到了后人的喜爱，尤其是“老骥伏枥，志在千里。烈士暮年，壮心不已”四句，有鼓舞人心的力量。

【重点词语与诗句】

1. 老骥伏枥，志在千里。烈士暮年，壮心不已：老马虽然体弱多病，只能伏在马槽上吃草，但志向却在千里之外；英雄虽然到了晚年，但壮志雄心依然不减。

2. 烈士：诗中指壮士，有雄心、有理想的人。现指为了国家的利益而牺牲的人。

3. 不但：诗中指不只，不仅仅。现为连词，有关联词“不但……而且……”。

【相关词语链接】

1. 老当益壮：年纪虽老但工作的热情更高，或身体更好。多用来赞扬老年人的工作精神。如：

郭大夫虽然年纪比较大了，但~，跟年轻人一样地工作。

老王现在是~，比年轻人还能干。

2. 鞠躬尽瘁（jū gōng jìn cuì），死而后已：指勤奋工作，竭尽全力，一直到死为止。鞠躬：弯着身子，表示恭敬、谨慎。尽瘁：竭尽劳苦。已：停止。如：

人们赞美诸葛亮，主要是因为他为国家~。

3. 腾云驾雾：乘着云，驾着雾。原指神仙在天上乘云雾飞行，后形容人奔驰迅速。如：

神仙在天上~，自由自在，想到哪儿就到哪儿。

你怎么这么快？是~来的？

4. 说曹操，曹操到：谈论到某人，某人正好来了。如：

我们刚才说“要是孙红在就好了”，这时孙红打来了电话，真是~。

怎么刚说到你，你就来了，真是~。

5. 志向远大：理想很远大。如：

老王为了祖国的富强、人民的幸福而努力工作，是一个~的人。

他~，不会满足于待在这个小地方，做现在这个工作。

6. 乐观向上：很乐观，很积极，对未来充满了希望。如：

别人遇到这些不幸，可能会埋怨，会灰心，会放弃，但王明~，一直相信明天更美好。

尽管现在他遇到了很多挫折，但他是一个~的人，很快就会好起来的。

【练习题】

一、解释画线词语的意思

1. 烈士暮年

2. 为了国家他们牺牲在这儿，这些烈士是伟大的，是值得后代敬重的

3. 不但在天

4. 他不但知道曹操这个人，而且理解“说曹操，曹操到”这个词语的意思

二、用本课所学的诗句、词语等知识填空

1. 三曹是指________、曹丕和________。

2. 爸爸今年65岁了，但每天还是不停地工作，他说自己要活到老，干到老，他要像曹操诗中所赞美的那样“________________________”。

3. 《西游记》中的孙悟空真厉害，会在天上________，我真羡慕他。

4. 我刚说到李丽，她就来了，真是__________。

5. 你不要一遇到困难就灰心丧气，应该________，相信困难只是暂时的，我们一定会有办法的。

6. 钱，钱，钱，你怎么就知道钱，难道生活就只有钱吗？我们要________，别总想着钱，其实生活还是需要理想和雄心的。

三、思考题

1. 学完这首诗，你认为作者曹操是什么样的性格？

2. 作者写神龟和腾蛇的目的是什么？

3. 曹操认为人寿命的长短除了由上天决定以外，还与后天的“养怡”有关。他的观点你同意吗？谈谈你自己的看法。

七步诗

曹　植

【解题】

曹植是曹操的二儿子，也是杰出的诗人。曹操当魏王时，曹植与哥哥曹丕争当王太子，而且差一点成功，这件事一直让哥哥怀恨在心。据《世说新语·文学》记载，曹操死后，曹丕先当魏王，后自立为皇帝，不久就对弟弟曹植进行迫害。其中有这样一件事，就是命令曹植在七步之内写出一首诗，如果写不出来就杀头。结果曹植在这么短的时间内就作出了这首诗，取名叫《七步诗》。诗人通过萁、豆互相煎熬伤害来比喻曹丕对兄弟的残酷迫害。“本是同根生，相煎何太急”就成了兄弟之间相互仇恨的比喻。

煮豆燃豆萁①，
豆在釜中泣②。
本是同根生③，
相煎何太急④？

【注释】

①萁（qí）：豆秸（jiē），豆的茎秆。

②釜（fǔ）：古代的一种锅。这句诗是说豆子在热锅里哭泣，指豆在热水里煮。

③同根：同一个根所生。比喻曹植与曹丕本是亲兄弟。

④煎（jiān）：煎熬，这里指迫害。

【译文】

锅里煮豆子，锅下烧豆萁，热水翻滚，豆子在锅里哭泣。

本来豆子和豆萁是同一条根所生，豆萁为什么要这样紧紧逼迫、煎熬豆子呢？

【赏析】

曹植和哥哥曹丕曾经因争夺王太子之位而矛盾很大，现在当了皇帝的哥哥以作诗为借口，要害曹植，那么曹植的诗应该怎么写呢？是直接批评、责骂哥哥，还是向哥哥求饶，请求原谅？聪明的曹植没有选择上面说的那两种，而是采用以物写人的手法，用同根而生的萁和豆比喻兄弟二人，用豆萁煮锅里的豆子来比喻兄弟之间互相残害，从而含蓄地批评哥哥对自己的折磨与伤害，真是生动形象、比喻贴切。

前两句“煮豆燃豆萁，豆在釜中泣”，意思是豆萁在下面燃烧，锅里的豆子被煮得滚来滚去，难受得哭泣起来。很明显，豆子被煮，是受到伤害；而豆萁燃烧了自己，也付出了很高的代价。可见豆萁煮豆是互相伤害，都没得到好处。“泣”一字用得很好，豆子是不会哭“泣”的，曹植其实是在写自己的“哭泣”，他以煮豆子的事作比喻，表明自己受到哥哥曹丕迫害的痛苦心情。

最后两句直接说出了作者写这首诗的想法：“本是同根生，相煎何太急。”豆子与豆萁本不是仇人，本是同根相生的兄弟，那又何必相互煎熬呢？“同根”表面上指“萁”和“豆”是同一根上生长起来的，实际上是说自己与曹丕是同一父母所生，于是他责问曹丕为什么要对兄弟逼迫得这样急。曹植的态度很鲜明，曹丕看了这首诗自然就明白弟弟的意思，曹植的目的也就达到了。

在七步之内能否写一首诗，的确能看出一个人的才能。曹植不但能写出诗，而且通过刻画萁煮豆这一鲜明的艺术形象，写出了《七步诗》这样优秀的作品，显示了高超的艺术才能。

【重点词语与诗句】

1. 本是同根生，相煎何太急：我们本来是亲兄弟，你为什么要这样紧紧逼迫呢？
2. 同根：同一根所生，比喻兄弟。曹丕与曹植为亲兄弟，故为“同根”。

【相关词语链接】

1. 自相残（cán）杀：自己人互相杀害。残：残害。如：

为了争抢父母的钱财，他们～。

为了当皇帝，兄弟二人～。

2. 折磨（zhé mó）：使人身体或精神上遭受痛苦。

敌人为了让他说出实情，又是用木头打他，又是用火烧他，又是几天不给他吃饭，把他～得快要死了。

癌症～得他全身疼痛，而且吃不下饭，睡不着觉。

3. 煎熬（jiān áo）：比喻精神上的焦虑、痛苦。如：

由于夫妻之间几乎天天都在吵架，她多年来忍受着极大的精神～。

在一个陌生的城市，他孤独一人，既没有朋友，也没有亲人，所以他觉得每一天都是一种~。

4. 亲如兄弟：不是兄弟，但关系很亲密，就像兄弟一样。如：

我们一个来自非洲，一个来自亚洲，互相关心，~。

5. 同根同源：同一个民族。如：

中国大陆与台湾是~。

【练习题】

一、用本课所学的诗句、词语等知识填空

1. 兄弟或亲人之间何必相互折磨？这可用诗句“______________”表达。

2. 世界各地的华人都是________，都是炎黄子孙。

3. 他们不是兄弟，但________，互相帮助，相互支持。

4. 曹植用豆萁煮豆子来比喻兄弟之间互相________。

二、注音、组词

煮____ ________ 萁____ ________ 泣____ ________

煎____ ________ 残____ ________

三、思考题

1. “本是同根生，相煎何太急”的含义是什么？

2. 你能从文学作品或现实事例中，举出“本是同根生，相煎何太急”的具体事例吗？

江　南

【解题】

本诗是一首南朝乐府民歌，描绘了江南采莲的热闹欢乐场面。本诗表达上十分高明，没有直接写采莲人是如何欢乐的，而是通过写莲叶下鱼儿的快乐来写人的快乐。水中鱼儿的追逐、嬉戏、玩耍，正是船上采莲男女自由游戏、恋爱的快乐影子。采莲的江南是充满欢笑的江南，也是充满爱意的江南，怎能不令人迷恋？

江南可采莲，
莲叶何田田[①]。
鱼戏莲叶间[②]，
鱼戏莲叶东，
鱼戏莲叶西，
鱼戏莲叶南，
鱼戏莲叶北。

【注释】

①何：多么。田田：莲叶茂盛的样子。

②戏：嬉戏，玩耍。

【译文】

夏天的江南是采摘莲子最适宜的地方。看吧，池塘里的莲叶长得多么茂密啊，鱼儿在莲叶间自由地追逐、游戏、玩耍。鱼儿们一会儿在莲叶东面嬉戏，一会儿又追到西面，一会儿又藏到南面，一会儿又游到北面。

【赏析】

人们为劳动中获得的丰收而喜悦，为劳动中收获的爱情而欣喜。本诗不仅仅是描写青年男女采莲的民歌，更是描写他们在劳动中播下爱情种子的诗歌。在民歌中，“莲”与“怜”谐音，而“怜”又是“爱”的意思，比喻爱情，因此“采莲”这种活动，寓意青年男女不但采摘了莲子果实，还收获了爱情。

江南的夏天柳绿花红、风景如画，到处都美丽极了，而这个季节最吸引人的无疑是采莲的水塘了。大片大片的莲叶长满了水塘，莲花早就结成果实——莲蓬，正等着人们来采摘呢。当诗人望着水面上又大又圆的荷叶，看到伸长了脖子的大大莲蓬，心里喜悦，禁不住赞美说：“江南可采莲，莲叶何田田。”是的，江南到处都生长着莲，夏天真是采莲的好地方。

接下来，作者没有急着写青年男女是如何采莲子的，而是说“鱼戏莲叶间”，写鱼在莲叶中间游来游去，你追我赶，好像在戏耍、玩游戏一样。“戏”字写出了鱼在水中的欢乐神态，非常形象。实际上，这是中国古代诗人常采用的手法：通过写物来写人，表现人的思想、感情，“鱼戏莲叶间”表面上是形容鱼儿互相追逐嬉戏的样子，其实是用来比喻青年男女在劳动中相互爱恋嬉戏的欢乐情景，显得比较含蓄多情。

下面四句是鱼戏莲叶东、西、南、北，是上句“鱼戏莲叶间”的具体化。有人可能会说：这四句跟上文有些重复，有些啰唆。我们认为，这种看法有些片面：一方面，作者用东、西、南、北的变化，深入刻画鱼儿及男女的快乐自由，无拘无束，甜蜜多情，换句话说，用这四句诗，就是要把他们的快乐、爱恋充分展示出来；另一方面，这种看似重复的语言特点，正是民歌朴素自然特点的表现，显得真实、自然、活泼、有趣。

全诗没有一字直接写人，但通过对“鱼戏莲叶间”的描绘，让我们眼前出现了一幅江南采莲图：青年男女划着小船来采莲，他们边追边采、边唱边笑，笑声传遍了整个水塘。读者从中感受到了采莲人内心的欢乐，感受到了青年男女恋爱中的幸福。

【重点词语与诗句】

鱼戏莲叶东，鱼戏莲叶西，鱼戏莲叶南，鱼戏莲叶北：鱼儿们一会儿在莲叶东面嬉戏，一会儿又追到西面，一会儿又藏到南面，一会儿又出现在北面。这里用鱼儿的多情来表现青年男女采莲时谈情说爱的样子。

【相关词语链接】

1. 嬉戏（xī xì）：玩耍，游戏，打闹。如：

小孩子们在水里～，互相泼水，玩得好不高兴。

在马路上～那是很危险的。

2. 如鱼得水：得到了有利的条件或环境，工作更为顺利。如：

新公司的老板对他很重视，满足了他的一些要求，他的才能得到了很好的发挥，心情也很舒畅，现在他在新公司是～。

3. 柳绿花红：柳树长出绿叶，花枝开着红花，形容春夏美丽的景象。如：

三月，到处～，美丽极了。

看窗外～，我忍不住走到院子里，去欣赏这美丽的景色。

4. 风景如画：风景就像画上的一样，形容十分漂亮。如：

西湖～，人们不由得赞叹起来。

九寨沟可是一个～的地方，你一定要多住几天，好好看看。

5. 穿梭（suō）：形容快速或往来频繁。如：

小船在荷叶间～不停。

下班高峰期，汽车在人流中～。

【练习题】

一、选词填空

如鱼得水　　　风景如画　　　谈情说爱　　　柳绿花红　　　嬉戏

1. 水下，鱼儿在莲叶间追逐，________；船上，小伙子和大姑娘边采莲子边________。

2. 桂林是个________的地方，所以有“桂林山水甲天下”的美誉。

3. 春天来了，这儿________，莺歌燕舞，到处生机勃勃。

4. 以前的老板不太重视他，他的工作很不顺利；而现在的老板很支持他，他工作起来________，很有成就感。

二、思考题

诗中写了“鱼戏莲叶间”，为什么后面又写“鱼戏莲叶东，鱼戏莲叶西，鱼戏莲叶南，鱼戏莲叶北”？是否有重复的感觉？作者这样安排的目的是什么？

木兰诗

【解题】

这是一首著名的北朝民歌，讲述的是一位女扮男装、替父从军的女英雄花木兰的故事。花木兰原先跟别的女孩子一样在家纺织，但有一天她见到了军队的通知，要她父亲去打仗。木兰想到父亲年老多病，自己又没有大哥，所以就决定打扮成男孩子替父从军。木兰在外作战十二年，经历了无数次战争，最后胜利回来。她不愿做皇帝封给她的尚书郎，情愿回家做一个真真正正的女孩子。这就是花木兰，一个孝顺、勇敢、不贪恋权位的女英雄。

唧唧复唧唧①，木兰当户织②。不闻机杼声③，唯闻女叹息④。

“问女何所思⑤，问女何所忆⑥。”“女亦无所思⑦，女亦无所忆。昨夜见军帖⑧，可汗大点兵⑨。军书十二卷⑩，卷卷有爷名⑪。阿爷无大儿，木兰无长兄。愿为市鞍马⑫，从此替爷征。”

【注释】

①唧唧（jī jī）：织布声，有的解释成“叹息声”。这句话是说织布的声音一直不停。

②当：对着。户：门，单扇门。当户：对着门。

③机杼（zhù）：织布机。

④唯：只。女：女儿，指木兰。

⑤何所思：想什么。

⑥忆：思念，想。

⑦亦（yì）：也。

⑧军帖（tiě）：军中文告。

⑨可汗（kè hán）：中国北方少数民族对皇帝的称呼。大：规模大。点兵：征兵。

⑩军书十二卷：征兵的名册有很多卷。十二：表示很多，下文的“十年”、“十二年”都表示很多。

⑪爷：跟下文的“阿爷”相同，都指父亲。

⑫为：为此。市：买。鞍（ān）马：指马鞍和马。

【译文】

织布机不停地发出“唧唧”、“唧唧”的声音，木兰正对着门织布。（可过了一会儿）父亲没有听到织布的声音，只听见女儿叹息的声音。

老父亲就问女儿：“你叹息是因为思念什么？是在回忆什么？”木兰回答道：“女儿我并没有思念什么，也没有回忆什么。昨夜我看见征兵的文书，知道可汗正在大量征兵，那么多卷的征兵文书，每一卷上都有父亲的名字。父亲没有大儿子，木兰没有大哥，我花木兰愿意去买马鞍和马儿，从现在起替父亲去出征。”

东市买骏马，西市买鞍鞯⑬，南市买辔头⑭，北市买长鞭。旦辞⑮爷娘去，暮宿⑯黄河边。不闻爷娘唤女声，但闻黄河流水鸣溅溅⑰。旦辞黄河去，暮至黑山头。不闻爷娘唤女声，但闻燕山胡骑鸣啾啾⑱。

万里赴戎机⑲，关山度若飞⑳。朔气传金柝㉑，寒光照铁衣㉒。将军百战死，壮士十年归。

【注释】

⑬鞍（ān）：马背上人坐的器具。鞯（jiān）：马鞍下的垫子。

⑭辔（pèi）头：马用的嚼子和缰绳。

⑮旦：早晨。辞：告别。

⑯暮（mù）：晚上。宿：露（lù）宿，住。

⑰但：只。鸣溅溅（jiān jiān）：水声很大。

⑱胡骑（jì）：胡人的战马。胡：中国古代对北方少数民族的称呼。鸣啾啾（jiū jiū）：马叫的声音。

⑲万里赴戎（róng）机：从万里之外奔向战场。戎机：战争。

⑳关山度若飞：像飞一样地跨过一道道的关卡，越过一座座的山岭。度：过。

㉑朔（shuò）气传金柝（tuò）：北方的寒气传来了打更的声音。朔气：北方寒冷的空气。金柝：古时军中夜晚打更用的器具。

㉒铁衣：铠（kǎi）甲。

【译文】

到市场上买来骏马、马鞍、鞍垫、马嚼子、缰绳和马鞭等用品。花木兰早上辞别父母上路，晚上露宿在黄河边，听不见父母呼唤女儿的声音，只能听到黄河流水震耳欲聋的“哗哗”声。早上告别黄河赶路，晚上到达黑山头，听不见父母呼唤女儿的声音，只能听到燕山胡人的战马发出“啾啾”的鸣叫声。

花木兰从万里之外奔赴战场，就像飞一样，翻越一道道关口和山岭。战场上的每个夜晚，北方的寒风都会传来金柝声，清冷的月光照着战士们的铁甲战袍。将士们经过无数次激烈的战斗，十年之后才胜利回来。

归来见天子[23]，天子坐明堂。策勋十二转[24]，赏赐百千强[25]。可汗问所欲[26]，木兰不用尚书郎[27]。愿驰千里足[28]，送儿还故乡[29]。

爷娘闻女来，出郭相扶将[30]；阿姊闻妹来，当户理红妆[31]；小弟闻姊来[32]，磨刀霍霍向猪羊[33]。开我东阁门，坐我西阁床，脱我战时袍，著我旧时裳[34]，当窗理云鬓[35]，对镜帖花黄[36]。出门看火伴，火伴皆惊忙[37]：同行十二年，不知木兰是女郎。

雄兔脚扑朔，雌兔眼迷离[38]；双兔傍地走，安能辨我是雄雌[39]？

【注释】

㉓天子：指“可汗”。

㉔策勋（cè xūn）：记下功劳。十二：表示很多。转：次。

㉕赏赐百千强：赏赐很多的财物。强：有余。

㉖问所欲：问（木兰）想要什么。

㉗不用：不愿。尚书郎：尚书省的官。尚书省是古代朝廷中管理国家政事的重要机关。

㉘愿驰千里足：希望骑上千里马。

㉙儿：木兰自称。因为木兰一直是男人打扮，别人认为“她”是男孩。

㉚郭：外城。相：相互。扶将：扶着。

㉛理：整理。红妆（zhuāng）：指女子的打扮。

㉜姊（zǐ）：姐姐。

㉝霍霍（huò）：磨刀的声音，指要杀猪。

㉞著（zhuó）：穿。

㉟云鬓（bìn）：形容好看的高高的头发。

㊱帖花黄：往脸上贴饰物。帖（tiē）：指"贴"。花黄：古代妇女的一种面部装饰物。

㊲火伴：即伙伴。

㊳扑朔（pū shuò）：前后脚不停地，动弹。迷离：眯着眼。这两句话是说提着兔子的耳朵，雄兔两只前脚不停动弹，雌（cí）兔则两只眼睛眯着，这样雌兔、雄兔就容易认出来。

㊴傍地（bàng dì）：并排、挨着地。走：跑。安：怎么。这两句话是说雄雌两兔一起并排着跑，怎能辨别哪只是雄兔，哪只是雌兔呢？

【译文】

胜利归来朝见天子，天子坐在殿堂上。木兰立了很多功劳，因此得到的赏赐也很多。天子问木兰还有什么要求，木兰说：自己不愿做尚书郎这个官，希望骑上一匹好马，送自己回故乡。

父母听说女儿回来了，互相搀扶着到城外迎接；姐姐听说妹妹回来了，对着门梳妆打扮起来；弟弟听说姐姐回来了，忙着磨刀杀猪宰羊。（木兰走进自己的房子）打开我东阁的门，坐在我东阁的床上。打开我西阁的门，坐在我西阁的床上。脱去我打仗时穿的战袍，穿上我以前的衣裳。面对窗户和镜子，梳理头发贴好花黄。出门去见一起出征的伙伴，伙伴们都很吃惊，都说我们同行十二年，竟然不知道木兰是女孩子。

（当人们抓着兔子的耳朵，提起它来时）雄兔的脚喜欢不停动弹，雌兔的两眼老是眯着；当它们挨着一起在地上跑的时候，又怎能分辨得出哪只是雄兔、哪只是雌兔呢？

【赏析】

这是一首叙事诗，先从木兰的叹息写起，引起父亲的问话，然后一步步地说出木兰替父从军的原因、过程及结果，塑造了一个孝顺、懂事而又不贪图权位的女英雄形象。

首句“唧唧复唧唧”，听到织布的声音，读者一下子就知道了人物的身份：这是一个女的。因为中国古代是男耕女织的社会，男子在外种地，女子在家织布、管家，有明确的分工。第二句，“当户织”就是对着门织布，明确告诉读者：主人公木兰正在织布。花木兰跟其他的女孩一样，是一个愿意劳动的本本分分的女孩。但木兰织着布，突然停下来，“不闻机杼声，唯闻女叹息”，听不到织布声，只听到她的叹息声。这自然就会引起父母的疑问：“女儿，你怎么了？你想什么事，想什么人啊？”或许父母以为女儿长大了，想找个男孩出嫁，所以叹气呢。木兰回答说：自己昨天看到军帖，“军书十二卷，卷卷有爷名”，都有老父亲的名字，看来出征打仗是免不了了。原来木兰的叹息，是为父亲要去打仗而发愁。这个孝顺的女孩子又想到“阿爷无大儿，木兰无长兄”，家里没有大男孩能代替父亲出征，所以她下了决心，“愿为市鞍马，从此替爷征”，希望家里为她买“鞍马”，替父出征。这个从小就会织布的女孩，不是一个喜欢打仗杀人的人，可为了父亲，孝顺的她还是勇敢地走向战场，这段内容就说明了花木兰替父从军也是没有办法的事。

我们可以想象，花木兰的父母开始会不同意她的想法，木兰苦苦哀求，最后父亲只好答应，因为这些情节并不重要，所以这首诗就没写。诗歌接下来就较为详细地写出发前的准备。为了准备鞍马，她到市场买了一些东西。用东西南北四个市场来铺陈买东西过程，是一种互文手法。作者这样写，只是想告诉人们，出征前木兰全家对用具进行了精心挑选、细致准备。是啊，任何父母，一想到孩子第一次出门，而且是奔向危险的战场，怎么能不好好准备呢？

木兰离开家，诗中写她经过黄河到达战场，只用了两天。这里，诗人采用了夸张的手法，通过“旦辞”父母、“暮宿”黄河，“旦辞”黄河、“暮宿”黑山头，表明前方战事很紧急，她骑马飞快，一刻也不敢耽误。同时作者也不忘表现花木兰第一次离开父母的心理——孤独、恐惧以及强烈的思亲之情：夜宿黄河边时，“不闻爷娘唤女声，但闻黄河流水鸣溅溅”；暮至黑山头时，“不闻爷娘唤女声，但闻燕山胡骑鸣啾啾”。这两个“不闻”、“但闻”很形象地写出了第一次出门的女孩子的心理。

木兰在军队十二年，战争无数，要写的内容应该很多，但作者写她奔赴战场以及战时生活只用了六句话："万里赴戎机"至"壮士十年归"。前两句写木兰离开家乡的紧急行军；中间两句写在军营中的夜宿，表明军队生活很艰苦；末两句总结写十年的战争。"百战死"三字，可见战争之多和战争的残酷。很多战士在战场上死了，而花木兰十分幸运，能活着回家。

从"归来见天子"至"送儿还故乡"，说木兰回来见皇帝，因她的功劳很大，皇帝给她的赏赐也很多。不但如此，天子还让她做尚书郎，但"木兰不用尚书郎"，她拒绝了，不想做官，她最想做的是"还故乡"。花木兰无疑是一位孝顺而又不贪权位的人。

"爷娘闻女来"至"安能辨我是雄雌"，写木兰还家，全家人都高兴。爷娘到很远的地方来迎接，姐姐以梳妆打扮的方式欢迎花木兰，弟弟杀猪宰羊来接待姐姐。这几句写得很好，写了他们迎接木兰的方式各不相同，很符合各自的身份和特点。木兰回到离别了十二年的家，高兴极了，于是到所有的房间看看："开我东阁门，坐我西阁床"，这也是采用对句互文的手法，意思是：打开我东阁的门，坐在那儿的床上，打开我西阁的门，坐在那儿的床上，简直是太兴奋了。她立即脱下战袍，穿上女装，往脸上涂脂抹粉。化妆打扮，显然是女孩子天生爱美的本性。当变回女孩的花木兰出来见战友时，"出门看火伴，火伴皆惊忙"，他们都惊呆了，在一起同吃同睡十二年的花木兰，竟然是女性！

最后一段用雄兔、雌兔作比喻，告诉人们为什么"同行十二年，不知木兰是女郎"。雌兔和雄兔只有被抓耳朵提起来时，才能区分出来：因为雄兔的双脚会不停地动弹，而雌兔的两眼就眯着，像是没睡醒的样子，这样我们分辨时就比较容易。而当它们挨着一起在地上跑的时候，雄兔、雌兔就一样了，那就没有办法分辨得出谁是雄兔，谁是雌兔了。诗人打比喻，说花木兰经过女扮男装后，伙伴们就很难辨认出来了。

这首叙事诗完整地表现了木兰替父从军的过程，表现了木兰孝顺的性格以及不迷恋金钱地位的高尚品质。

【重点词语与诗句】

1. 雄兔脚扑朔，雌兔眼迷离：雄兔的脚喜欢不停动弹，雌兔的两眼老是眯着。

2. 双兔傍地走，安能辨我是雄雌：当它们挨着地跑的时候，又怎能分辨得出哪只是雄兔、哪只是雌兔呢？

【相关词语链接】

1. 扑朔迷离：事情（如案件）很复杂，很难一下子弄清楚。如：

那件杀人案虽然已经发生了十天了，但案情至今仍~，你刚才问的，这个既不漂亮又不富有的女子究竟是被谁杀的，凶手杀人的动机是什么等等，我们也不清楚。

这本小说，案情写得~，读者都有兴趣读下去，想弄个明白。

2. 女扮男装：女的装扮成男的。如：

为了调查清楚案情，那名女警察~，进行跟踪。

她~，就是为了不让人看出她是女的。

3. 巾帼（guó）不让须眉：女的不比男的差，指有的女子比男的还能干。巾帼：女子。须眉：男子。例如：

战场上那些女兵十分勇敢，真是~。

在运动会上，她跟男运动员一起比赛，竟然获得冠军，真是~。

4. 替父出征：代替父亲去打仗。如：

花木兰女扮男装，~。

【练习题】

一、古今词义辨析

1. 卷卷有爷名。

“爷”指________，今指________。

2. 双兔傍地走。

“走”指________，今指________。

3. 但闻黄河流水鸣溅溅。

“但”指________，今指________。

4. 出郭相扶将。

“郭”指________，今指________。

二、注音、组词

朔____ ________ 雌____ ________ 溅____ ________

驰____ ________ 赴____ ________ 鬓____ ________

三、思考题

1. 花木兰为什么替父从军？花木兰是一个什么样的女孩？

2. 花木兰出征前做了哪些准备？诗中写她到东市、西市、南市、北市，是想表达什么？

3. 木兰离开父母去战场的路上，诗中写了两句“不闻爷娘唤女声”，作者想表达什么情感？

4. 木兰从战场上归来，最想做的事是什么？

5. 请你想象一下，木兰在军队里怎么住，怎么洗澡，怎么大小便等等，为什么十二年都没有被人发现她女扮男装？

敕勒歌

【解题】

《敕勒歌》是一首北朝乐府民歌，赞美了敕勒川草原辽阔无边、绿草茂盛的壮丽景象。

这首民歌原本是牧民唱的歌曲，由于时代久远，曲调已经失传，但有一个关于它的故事，能让我们从中猜测出它是一首振奋人心的歌曲。相传在公元646年，统治中国北部的东魏和西魏两个国家爆发了一场大战，结果东魏大败，士兵情绪低落，主帅高欢为提高士气，于是命耶律金唱了这首《敕勒歌》，士兵们一听，个个精神振奋。由此可见，《敕勒歌》的歌声该是多么雄壮豪放。

敕勒川①，阴山下②。
天似穹庐③，笼盖四野。
天苍苍④，野茫茫⑤，风吹草低见牛羊⑥。

【注释】

①敕勒（chì lè）：魏晋南北朝时北方的一个民族，居住在朔州（今山西省北部）一带。川：平原，草原。

②阴山：在今内蒙古自治区北部。

③穹庐（qióng lú）：用毡布搭成的帐篷，与现在的蒙古包相似。

④苍苍：青色。

⑤茫茫：辽阔无边。

⑥见（xiàn）：同“现”，露出。

【译文】

敕勒川，位于阴山脚下，这里的天就像一个巨大无比的帐篷，笼罩着辽阔无边的草原。

深蓝色的天空下，草原茫茫无际，每当大风吹来，草儿低伏，正在吃草的牛羊才露出来。

【赏析】

“辽阔草原，美丽山冈，群群牛羊。白云悠悠，彩虹灿烂，挂在蓝天上”，这是多么美丽壮观的图画啊！哼着《原野牧歌》这首歌，我们一起到内蒙古大草原去欣赏壮美的景色吧。

开头两句“敕勒川，阴山下”，先向我们交代了敕勒川的位置：阴山脚下。阴山是一座雄伟、高大、连绵的山，敕勒草原背靠着阴山，高大的山更衬托了草原辽阔无边，从而给人景色壮观的强烈感觉。

接着两句“天似穹庐，笼盖四野”，形容天空广阔，草原无边无际。敕勒族人用自己生活中最熟悉的“穹庐”——形似蒙古包的房屋作比喻，认为敕勒川的天空就像他们居住的圆顶大帐篷，笼罩着草原的四面八方。试想一下，如果草原不大，四周又被大山包围着，人们抬头看到的天空也是狭窄的，就不会是笼罩四野了。此处通过写敕勒川的天空来写敕勒川的草原，写法很巧妙，显得草原辽阔壮观。

最后三句“天苍苍，野茫茫，风吹草低见牛羊”，让我们见到了牧草旺盛、牛羊肥壮的敕勒川。“风吹草低见牛羊”，一阵风儿吹低了牧草，这才露出正在吃草的成群牛羊。看吧，蓝蓝的天空，青青的牧草，白白的羊群，这是多么美丽的图画啊，这是“我们”一直生活着的生机勃勃的草原。作者心中充满了自豪，而读者也深深陶醉在其中。

全诗不长，只有二十七个字，却生动地展现出大草原的壮丽图景，给人以美的享受。

【重点词语与诗句】

天苍苍，野茫茫，风吹草低见牛羊：天空深蓝色，草原茫茫无际，每当大风吹来，草儿低伏，牛羊才从茂密的草中露出。

【相关词语链接】

1. 茫茫无边：形容十分广阔，一眼看不到头儿。如：

内蒙古大草原～，根本看不到头儿。

很多人再也没有从～的大沙漠里走出来。

看着～的大海，他心想大海的对岸在哪儿呢。

这～的沙漠根本就不会有人住的。

2. 笼罩：为阴云、雾气等所覆盖。如：

大雨快要来了，阴云～着整个天空。

清晨，整个城市都被大雾～着。

3. 壮观：景象十分雄伟、壮阔。如：

奥运会开幕式的场面十分～。

在一望无际的草原上，成群的牛羊在近处安静地吃草，马群在远处飞奔，说实在的，我从来没见到过这么～的场面。

【相关歌曲链接】

原野牧歌

辽阔（liáo kuò）草原，美丽山冈（gǎng），群群牛羊。

白云悠悠（yōu），彩虹灿烂（cǎi hóng càn làn），挂在蓝天上。

有个少年，手拿皮鞭（biān），站在草原上。

轻轻哼（hēng）着草原牧歌，看护着牛和羊。

年轻人哪，我想问一问：

可否让我，可否让我，诉（sù）说衷肠（zhōng cháng）？

年轻人哪，希望我能够，

和你一起，和你一起，看护牛和羊；

和你一起，和你一起，看护牛和羊。

【练习题】

一、注音、组词

苍____ ________ 茫____ ________ 川____ ________

笼____ ________ 盖____ ________ 野____ ________

二、用本课所学的词语、诗句等知识填空

1. 天似________，笼盖________。

2. 天苍苍，________，____________。

3. 我太兴奋了，因为这是第一次见到________的草原。

4. 站在泰山山顶看日出，当太阳出来时，那景象十分________。

5. 大雾________着整个天地，即使前面几米远的地方，我们几乎都看不见。

三、描述题

1. 请你描绘一下敕勒川的草原风光。

2. 你有没有去过草原、大海、沙漠、高山？请你选择其中的一个，给我们描绘所见的壮观场面。

第四章　唐代诗歌

送杜少府之任蜀州[1]

王　勃

【解题】

《送杜少府之任蜀州》是王勃在长安送别朋友时写的送别诗。“少府”，是唐代对县尉的通称，官职不是很高。这位姓杜的县尉将到四川去上任，王勃在长安城外送他，这首诗就是临别时赠给他的，劝慰他：分别时不要哭哭啼啼的，即使我们相隔很远，只要是真正的知己，心就会相通，也会像邻居一样没有障碍。这首诗表达了一种豪放刚健之情，跟一般的送别诗所表达的哀伤情绪不同。

城阙辅三秦[2]，风烟望五津[3]。
与君离别意，同是宦游人[4]。
海内存知己[5]，天涯若比邻[6]。

无为在歧路[7]，儿女共沾巾[8]。

【注释】

①少府：官名，县尉。之：到，往。蜀州：现在四川崇州，也叫蜀川。任蜀州：到蜀州做官。

②城阙（què）：首都长安。辅（fǔ）：护卫，保护。三秦：指雍、塞、翟三地。项羽消灭秦朝后，把长安以西的地区封为雍国，长安以东的地区封为塞国，长安以北的地区封为翟国，这三地被称为“三秦”，后“三秦”代指陕西。这句话是说东部、北部、西部的三秦大地保卫着首都长安。

③风烟：烟雾迷茫，这里指送别时的天上有些烟雾。五津：五个渡口，分别是白华津、万里津、江首津、涉头津、江南津，这是从长安去四川要经过的五个渡口。这句话是说站在长安城外，远望朋友要去的蜀州，只见风烟迷茫，五个渡口也笼罩在烟雾中。

④宦（huàn）游：出外做官。

⑤海内：全国各地。古人认为中国的四周被大海包围着，所以称“中国”为四海之内。存：有。知己：好朋友。

⑥若：好像。比邻：近邻，邻居。

⑦无为：无须，不必。歧（qí）路：分别的地方。

⑧沾巾（zhān jīn）：沾湿手巾，意思是流泪很多。

【译文】

京城长安被三秦大地护卫着，风烟茫茫中，我们远望着去四川的五大渡口。

与你分别心中有些难舍，你我都是远离家乡、在外做官之人，（也常经历离别之苦）我能理解你此时的心情。

只要在世上还有你这个知己，即使远在天涯海角，也会心心相通，就像在一起。

不要在分手时痛哭流涕，像青年男女一样流泪离别。

【赏析】

朋友远行，心中自然有些难过，不舍得分开，所以送别诗一般都写得有些伤感。而这首诗的特别之处，就在于写得精神昂扬、乐观向上，没有悲伤叹息，只有爽朗刚健。

诗歌要表达感情，但优美的诗歌大多不会直接抒发感情，一般是先写景再抒情，以景写情。本诗前两句就是写景。第一句“城阙辅三秦”，既写了首都长安的地理位置，又点明了送别的地点：长安城外。“城阙”指京城长安，“三秦”指长安附近地区，意思是京城长安被周围的三秦之地保卫着，这是王勃送别朋友的地方。第二句“风烟望五津”，既写了送别时的天气情况，又点明了朋友要去的地方：四川。送别这一天，天空不是很晴朗，还刮着微风，远处烟雾迷茫，他们远望着“五津”——从长安到四川要经过的五个渡口，说着安慰的话语。可以说，前两句既是写景，又是叙事，交代了送别这一事情。

其实，对于在外做官的人来说，离开一个地方到别的地方做官，那是很平常的事情，所以分离告别是常事。尽管如此，好朋友离开了，还是有些伤心。尤其是杜少府要去的蜀州，不但路途遥远，而且是一个偏僻、贫穷的地方，将来会怎么样也很难预料，所以他心中的惆怅、悲伤比较强烈。看到这个样子，王勃劝他：“与君离别意，同是宦游人”，我和你一样都是离乡在外做官的人，理解你现在心中离别的悲伤之情。这两句诗把两个人共同的经历、共同的感受写了出来，使他们产生感情的共鸣。

如果说三四句诗有些送别的伤感，那五六句口气就忽然一改，转而去安慰即将远行的友人：“海内存知己，天涯若比邻。”意思是说我们分手之后，虽然距离较远，但是不必悲伤，只要是知心的朋友，也像是近邻一样。作者没有离别的怨恨，而是表达了豪放的情感，距离不是问题，友谊才是最重要的。

最后两句接着说：“无为在歧路，儿女共沾巾。”意思是：不要在分别的路口，像那些青年男女一样地痛哭流涕，以致眼泪沾湿手巾。我们仿佛看到作者正笑着安慰朋友，鼓励朋友。

本诗的可贵之处就是将分别的悲伤转变成一种刚健壮大的情感，给人以力量与信心。

【重点词语与诗句】

1. 海内存知己，天涯若比邻：只要在世上还有你这个知己，即使远在天涯海角，也像邻居一样，心心相通。

2. 三秦：现指陕西省。

3. 宦游人：在外做官的人。

【相关词语链接】

1. 烟雾弥漫：被烟和雾笼罩着，看不清四周。如：

很多人在吸烟，房间里~，空气不好。

今天早上~，路上有些司机因为看不清楚前方，发生了交通事故。

2. 天涯海角：形容很远的地方，或两地相隔极远。如：

你即使在~，我也要把你找回来。

就算你到~，我的心也会和你永远在一起，永远爱你。

3. 辅助：帮助，协助。如：

我是副经理，主要是~经理完成工作。

这个事情主要由你做，如果有什么需要，我可以~你。

4. 酒逢知己千杯少，话不投机半句多：诗句出自宋代作家欧阳修《春日西湖寄谢发曹韵》，意思是遇到知己，心里高兴，即使喝很多杯酒也不觉得多；两个人谈话不投机，脾气不合或者意见不一致，说半句话也会觉得很多。如：

今天喝酒的都是多年的好朋友，我们是酒逢知己千杯少，大家喝得都比平时多。

我很讨厌他，一句话也不想跟他说，真是话不投机半句多。

5. 分歧（qí）：两人的意见不一致。如：

因为家庭、教育等各方面的原因，我们对很多事情的看法有~。

开始我们的~还不大，渐渐地这种~就越来越大了，最后只好分手了。

6. 泪流满面：哭得很伤心，以至于脸上都是眼泪。如：

女儿见到自己喜爱的小鸟死了，哭得~。

【练习题】

一、翻译下列句子的意思

1. 海内存知己，天涯若比邻。

2. 无为在歧路，儿女共沾巾。

二、用本课所学的词语、诗句等知识填空

1. 城阙辅________，________望五津。与君________意，同是宦游人。海内存知己，________。无为在歧路，________。

2. 你给即将分别的朋友写留言，表达虽在两地但两人的心在一起，可用诗句“______________________________”表示。

3. 他们的谈判到现在还没有结果，因为双方的________太大了。

4. 在一个________的早晨，我去郊外送别好朋友。

5. 每个人都有这样的感受，见到知己朋友总是有说不完的话，而见到自己厌恶的人，则是一句话也不想说，这就是________________。

三、问答题

1. “我”是在哪儿送别杜少府的？当时天气怎么样？第一、二句诗告诉我们什么了？

2. “我”和杜少府都是什么人？

3. 送别朋友，一般都会很伤心，这首诗也表达了这种悲伤的心情吗？

登幽州台歌①

陈子昂

【解题】

陈子昂（661—702），初唐著名诗人，四川省射洪县人。唐睿宗文明元年（684）考中进士，官至右拾遗。他主张诗歌要刚健有力，代表作《感遇诗》三十八首，受到杜甫、韩愈、元好问等后代诗人的高度评价。

公元696年，武则天做了女皇帝。陈子昂担任军事参谋，随同主帅武攸宜出征契丹。武攸宜为人轻率傲慢，不听别人意见。陈子昂多次向武攸宜献计，反倒激怒了他，被降职为军曹。诗人遇到挫折，心情悲愤，因此登上蓟北楼，写下了《登幽州台歌》。

前不见古人②，后不见来者③。
念天地之悠悠③，独怆然而涕下⑤。

【注释】

①幽州（yōu zhōu）台：即蓟北楼，又称燕台、黄金台，在今北京市西南。相传战国时，燕昭王为吸引有才能的人，就用黄金在幽州建筑了高楼，终于得到乐毅等人才。因此后人用“幽州台”代指招纳人才的地方。

②古人：古代的明君，像燕昭王一样礼贤下士、任用贤才的君主。

③来者：未来的明君。

④念：想到。悠悠：长久。

⑤怆（chuàng）然：悲伤的样子。涕（tì）：眼泪。

【译文】

我见不到前代那些任用贤才的圣王，也见不到未来求才的君王，遇不到尊重人才的帝王了。

想到天地广阔、岁月悠悠，却没有一个赏识、理解自己的人，更加感到孤单与寂寞，心中感伤，眼泪忍不住流下来！

【赏析】

陈子昂是一位很有才能、很有热情、愿意干事业的人。公元696年，武则天的亲戚武攸宜带领大军去讨伐契丹。陈子昂随军出发，提了很多建议，武攸宜均没有接受。他感到自己的理想不能实现，心情十分郁闷。当时军队正驻扎在幽州（今北京市），有一天他登上了幽州台。这儿曾经是燕昭王招纳天下贤才的地方，想到燕昭王当年寻求天下人才的事儿，自己心中更感到难过，觉得自己英雄无用武之地，空有才能无处施展，就写了这首千古绝唱。

或许因为作者心里太悲愤，他就直接说出了自己的遗憾："前不见古人，后不见来者。"这里的"古人"是指古代像燕昭王那样礼贤下士的贤明君主，意思是像燕昭王那样的前代贤君，我是见不到了；后代的贤明之主，我也是来不及遇到。唉，自己出生得真不是时候，没有生在君王尊重人才的时代，自己有才能却没人重视、无处发挥，真是太令人伤心了。这里，看上去作者埋怨自己出生的时间不好，其实是在批评统治者不重视人才。

当他站在高处，向远处望去，"念天地之悠悠"，只见天地广阔，岁月悠悠，想到人的生命毕竟是短暂的，自己的愿望很多都没法完成，想着想着，悲伤实在控制不住，"独怆然而涕下"，眼泪刷刷流下。陈子昂的"怆然"既有对时世的感伤，也有对生命易逝而才能不得施展的愤恨，所以这首诗常引起后人的共鸣。

【重点词语与诗句】

1. 前无古人，后无来者：我见不到前代尊重人才的明君，也看不到后代寻求人才的君王。现在多指从前没有过，今后也不会再有，形容独一无二、空前绝后。如：

他开创了～的事业。

2. 前无古人：本指我见不到前代尊贤的明君。现多指以前的人从来没有做过或做到的，形容富有创造精神。如：

今天我们创造了许多～的奇迹。

【相关词语链接】

1. 空前绝后：从前没有做过，今后也不会再有人达到那种程度，表示独一无二。如：

他达到的艺术成就是～的。

2. 历史悠久：历史很长，很久远。如：

中国是一个～的国家。

西安是～的城市，大约有四千年的历史。

3. 岁月悠悠：长久的年月，表示过去了很多年。如：

～，但一些事情、一些人物我却难以忘记。

4. 前……后……：表示前、后的情况比较相同。如：前不着（zháo）村，后不着（zháo）店；前怕狼，后怕虎；前俯后仰；前思后想等。

天黑时，我们走到了山脚下，这是一个前不着村，后不着店的地方。

你做事要坚决一些，不要犹犹豫豫的，好像前怕狼，后怕虎的样子。

他讲的笑话太好笑了，我们都笑得前俯后仰，小王更是笑得躺在了地上。

她原来很喜欢我，可现在却不理我，我前思后想，也不知道为什么会这样。

5. 一把鼻涕，一把泪：用手抹一把鼻涕，抹一把眼泪，形容哭得很伤心。如：

他所有的钱都丢了，所以伤心得大哭起来，~，怪可怜的。

考试考得不好，她哭得~。

【练习题】

一、用本课所学的词语、诗句等知识填空

1. ________________，________________。念天地之悠悠，独怆然而涕下。

2. 你看她哭得____________的样子，看来她真是伤心极了。

3. 中国、印度、埃及都是文明古国，都是________的国家。

4. 做事情一定要果断，不要________的，其实也没什么，做错了，我们还可以改的。

5. 这一次他对你的支持力度非常大，可以说是________的了，以后可能也不会这么大了。

二、组词

前________后________　前________后________　前________后________

前________后________　前________后________　前________后________

三、思考题

1. 幽州台是一个什么地方？

2. 陈子昂为什么站在高台上独自悲伤地流下了眼泪？

登鹳雀楼①

王之涣

【解题】

王之涣，唐代著名诗人。《登鹳雀楼》是一首脍炙人口的诗，语言朴实，但意境极为深远。“欲穷千里目，更上一层楼”是富有哲理的佳句，表达了深刻的哲学道理。

白日依山尽②，黄河入海流。
欲穷千里目③，更上一层楼④。

【注释】

①鹳雀（guàn què）楼：在山西永济县，楼高三层。传说常有鹳雀在此停留，故有此名。

②白日：太阳。依：挨着。尽：消失。这句话是说太阳紧挨着西边的山而落下。

③穷：尽，这里指看到。千里目：看到很远的地方。

④更：再。

【译文】

夕阳紧挨着西山慢慢地落下，
奔流的黄河朝着东海汹涌而去。
如果你想看到很远的地方，
那就请你再登上更高的一层楼吧。

【赏析】

一首诗如果只是写景，无论描写得多么细致、精巧，都很难成为十分优秀的作品，因为其缺少思想性，不会给人以思想的教育、精神的启发。如果能从写景中自然地得出人生的哲理，就会成为艺术性与思想性都很高的作品。王之涣的《登鹳雀楼》就是这样一首优秀的诗歌。

傍晚时分，诗人登上鹳雀楼向西面望去，只见“白日依山尽”，太阳挨着西山慢慢地下落，以至于消失不见。这是写远景，写西边的远山和落日。可能有人会说，夕阳是红色的，怎么诗中说“白日”？在太阳即将落山时，它发出白白的光芒，可见作者观察得十分细致。诗人看完西边，目光又转向东边：“黄河入海流”，鹳雀楼建在黄河边，所以作者能清楚地看到脚下的黄河流水，汹涌澎湃，像野马一样争先恐后地奔跑着，一直流到自己看不见的地方——东海。第二句是写东边的风景——流向远处的河水。无论是落日，还是河水，都是黄河边壮观而宏大的景象，诗人被深深吸引住了，也可以说被震撼了。

于是，他想看到更远处的西边落日，想看到更远处的黄河水流，但因站得不高，所以不能满足他的愿望。诗人接下来就说“欲穷千里目，更上一层楼”，意思是想看得更远，就要站得更高，所谓站得高，看得远。这两句诗不仅仅指欣赏风景而且具有更为深广的意义：人生要想达到更高的境界，就应该站得更高些。

本诗的景物描写与哲理表达结合得十分完美，前两句是写景，后两句是说理，说理是从写景中自然得出的，所以读者并没有觉得这是在说教，反而有一种美的享受。

【重点词语与诗句】

1. 白日依山尽：夕阳紧挨着西山慢慢地落下。这是形容太阳落山时的名言佳句。

2. 欲穷千里目，更上一层楼：如果你想看到更远的地方，那就请再登上更高的一层楼吧。

【相关词语链接】

1. 站得高，看得远：人只有站得高，才能看得远。这首诗后两句“欲穷千里目，更上一层楼”就表达了这一思想。

2. 汹涌澎湃（xiōng yǒng péng pài）：水势浩大，水流急速地向前奔去。汹涌：洪水猛烈上涌的样子。澎湃：波浪互相撞击。如：

黄河水～，向东流去。

平静的海面上忽然刮起了狂风，～的海浪猛烈地拍打着海岸。

3. 滚滚东去：形容河水汹涌澎湃，急速地向东流去。如：

看到长江水～，一刻也不停止，于是我想到时间也是这样，一去不复返。

4. 无穷无尽：没有结束，没有尽头。穷：完。如：

知识是～的，人们永远都学不完。

你不停地问这问那，似乎你的问题～。

【练习题】

一、用本课所学的词语、诗句等知识填空

1. ____________，黄河入海流。欲穷千里目，____________。

2. ________的洪水把一个小伙子冲走了。

3. 他总觉得生活中有________的烦恼，我们都劝他要乐观一些，可是怎么劝都没有用。

4. 我们再爬得高一些吧，只有这样，才会____________________。

二、解释画线词语的意思

1. 白日依山尽

2. 黄河入海流

3. 欲穷千里目

4. 更上一层楼

三、思考题

1. 作者所写的落日下的黄河是不是很壮观？为什么？

2. 当我们想感受更美丽的风景，体验更精彩的生活时，应该怎么做？

回乡偶书①

贺知章

【解题】

贺知章，浙江萧山人，唐代前期著名诗人。他好喝酒，与李白、李适之、张旭等并称“饮中八仙”。贺知章十分聪明，年纪不大就考中进士，很早就离开家乡到京城做官。五十多年后，也就是公元744年，他在八十六岁时离京，回乡居住。《回乡偶书》就是回乡时所写的。

少小离家老大回②，
乡音无改鬓毛衰③。
儿童相见不相识，
笑问客从何处来。

【注释】

①偶书：随意写的诗。

②老大：年纪大了。回：回故乡。

③乡音：家乡的口音。鬓（bìn）毛：额角边靠近耳朵的头发。衰（cuī）：稀疏，减少。这句诗说自己离开家乡很多年了，说话还是家乡的口音，还没改变，但年老了，连鬓毛都稀少了。

【译文】

我在年少时离开家乡，到了老年才回来。

说话口音虽未改变，我那双鬓却已经斑白，鬓毛已经稀少。

村里的儿童看见我，没有一个认识我的，

他们笑着问我："这位客人，您是从哪里来的呀？"

【赏析】

人年轻时总是有一股闯劲儿，想象着外面的世界很精彩，盼望着到外面闯一闯，所以对家乡并没有过多的留恋，离开时心中有着美好的希望，心情也很愉快。但是随着年龄的增长，他们思乡的情感就比较强烈了，常常会想小时候吃的、穿的、玩的等，觉得那时的一切都很美好，令人怀念。所以离开故乡的老年人常怀有叶落归根的心理，要回到故乡住。诗人贺知章在官场上退休后，就是在这种心理下回到家乡，写下这首诗的。

诗人返回故乡，心情很复杂。当年离家，年少心高，身强力壮；今日回来，鬓毛疏落，年老力衰。首句用"少小离家"与"老大回"相对，告诉读者：我远离家乡几十年后，这才又回到家乡。第二句"乡音无改鬓毛衰"，作者写了这几十年，自己有一个不变，一个变化。不变的是说话还带着乡音，"未改的乡音"是家乡留给自己永远的记号；变化的是"鬓毛衰"，头发花白，鬓毛稀疏，这是衰老的表现。这里我们能看出作者回乡的心情是极不平静的。

第三和第四句写了一个极有戏剧性的场面，他刚进村庄，"儿童相见不相识"，但是他们却笑着热情地问：客人您从何处来的？"笑问客从何处来"这一"笑问"，对天真可爱的儿童来说只是有礼貌的一问，但对于诗人来说，听到"客"这个字心里却很难受：这明明是我的家乡，怎么我成了客人呢？是啊，回的是家乡，但"我"很少在家住，儿童不认识，他们把我当成了客人，也是很正常的事了。游子就是家乡的"特殊"客人。

家乡成了既熟悉又陌生的地方，这是所有久居他乡、晚来返乡者的共同感受，即使是今天，当游子们欣赏这首诗歌时也会产生相同的感受。

【重点词语与诗句】

少小离家老大回，乡音无改鬓毛衰：我在年少时离开家乡，到了老年才又回来。

说话口音虽未改变，但我那双鬓却已经斑白，鬓毛稀少。

【相关词语链接】

1. 偶尔：不常，有时。如：

我很少喝酒，只是~喝一点。

他看得最多的是中国电影，只有孩子们都回家团圆时，才~看看外国电影。

2. 偶然：没想到，突然发生的。如：

他去商店买东西时，~遇到了小学时的同学。

我在打字，~听到小王说要出去买衣服。

3. 叶落归根：多指多年在外的人最后回到自己的故乡，住下来。如：

老人七十岁时回到了自己的故乡定居，他说自己是~。

我的爷爷年轻时就到了印度尼西亚，但到老时还有~的想法。

4. 素不相识：从来就不认识。如：

我们两个以前~，这是第一次见面。

我们本来~，别人欺负我时他出来帮助我，这样我们就成了好朋友。

5. 天真烂漫（làn màn）：儿童天真、单纯、活泼可爱的样子。天真：心地单纯，不虚伪。烂漫：形容坦率自然的样子。如：

看到孩子们~、无忧无虑的样子，我打心里高兴。

一群~的儿童在操场里玩，你看吧，他们有的追蝴蝶，有的互相追着玩，有的又唱又跳，都高兴极了。

6. 衰老：变老，精神不如以前。如：

这几年他~得很厉害，刚说过的话很快就忘记了。

他每天都不开心，所以~得让我们都不认识了。

7. 斑（bān）白：头上既有很多黑头发，也有很多白头发。形容年老。如：

忧愁、劳累使他衰老了很多，头发都~了。

8. 乡音未改：家乡的口音没有变。如：

你离开山东那么多年，还是~。

你说话还带着东北口音，看来这么多年你在北京还是~。

【练习题】

一、解释画线词语的意思

1. 回乡偶书
2. 他是我的偶像，我很崇拜他
3. 乡音未改鬓毛衰
4. 几年不见，他怎么衰老成这样了

二、用本课所学的词语、诗句等知识填空

1. ________离家________回，__________鬓毛衰。儿童相见__________，笑问________________。
2. 这么多年在外地，他还是________，说着家乡话。
3. 因为生活一直不好，他________得很厉害，连头发都________了。
4. 我们两个________，你为什么帮助我？
5. 老了，我不想在国外住了，我要________，回国定居。

三、思考题

1. 作者出门在外很多年，什么特点没有改？
2. 作者回家乡，为什么儿童称他为“客”？

春　晓①

孟浩然

【解题】

孟浩然是唐代著名的山水田园诗人，他早年隐居鹿门山，后到长安谋求官职，考进士不中，还归故乡，从此不再做官。他的作品擅长写景，多抒写个人情怀。《春晓》描绘了一幅春天早晨美丽动人的图画，表达了诗人热爱春天、珍惜春光的心情。

春眠不觉晓②，处处闻啼鸟③。
夜来④风雨声，花落知多少。

【注释】

①春晓（xiǎo）：春天的清晨。晓：指天刚亮的时候。

②不觉：不知不觉，没有察觉到。

③闻啼（tí）鸟：听到小鸟的鸣叫声。闻：听到。啼：鸣叫。

④夜来：夜里。

【译文】

春天睡觉睡得很香，天亮了自己竟然也没感觉到，

醒来时只听见窗外传来一阵阵鸟叫声。

突然想起昨夜又刮风又下雨，

不知道这场风雨又打落了多少花儿。

【赏析】

《春晓》这首小诗，初看似乎有些平淡，但反复阅读，便会觉得这首诗歌很有味道：诗人为充满生机的春天而喜悦，为美好事物的失去而产生淡淡的忧愁和哀伤。

春天是美丽的，有青草，有红花，有柳树的发芽，有桃树的开花等。这些是人们写春天常常选取的景色，而孟浩然笔下的春天是有声音（鸟叫）的春天。我们知道，冬天鸟儿南飞，那是听不到鸟叫声的季节；而春天鸟儿北回，它们唧唧喳喳的声音带来了生命与活力。尤其是春天早晨，鸟唱着歌，叫醒我们，催促我们快点起床，可以说，鸟叫声是春季每一天给我们的第一个见面礼。所以诗人选取“啼鸟”来写春天，

来表现春天生机勃勃的景象，很有代表性，显示了诗人敏锐的艺术观察力。

诗人首先写自己的听觉：那处处的啼鸟，不是一只两只鸟在叫，而是很多鸟都发出悦耳动听的声音，整个天地都被叫醒了。作者因春眠贪睡，天已大亮还没醒，这时也被吵醒了。诗人猛然想到冬天已经过去，春天正在走来。他马上想到自己的院子里，有开粉红花朵的桃树，有长满绿叶的柳树，有嫩绿的青草，还有五颜六色的花儿。是啊，春天是热闹的，自己怎么睡懒觉，不去欣赏美好的景色呢？鸟儿的叫声唤醒了沉睡的诗人，也带给诗人更广阔的春天世界。

诗人有些着急地去看屋外的景色——花草树木，突然又有了一丝担忧：昨夜刮起了风，又下起了细雨，那些花儿怎么样啊？不知道有多少花儿被打落了？诗人心中有淡淡的忧愁与悲伤。我们知道，春天的风雨不是急风暴雨，而是微风细雨，它不会打落很多花儿的。当然，从诗人的担心里，我们不难发现他是个很敏感的人，也是个多情的人，对这些美好的事物充满了感情，所以不想让它们受到一点点的伤害。总之，《春晓》表达了诗人喜爱春天和怜惜春光的情感，展现了诗人丰富而多情的心理。

【重点词语与诗句】

1. 春眠不觉晓：春天睡觉睡得很香，天亮了自己也没感觉到。

2. 夜来风雨声，花落知多少：突然想起昨夜又刮风又下雨，不知道这场风雨又打落了多少花儿。

【相关词语链接】

1. 睡眠：睡觉。如：

这一段时间他在单位里如鱼得水，工作很顺利，心情很好，所以~也比以前好多了。

2. 失眠：睡不着觉。如：

失恋后，他~了两个晚上。

3. 晓得：知道，明白。常用在口语中。如：

我~“欲穷千里目，更上一层楼”的意思。

你晓不晓得，他还没吃饭。

4. 不知不觉：没有感觉到，表示时间过得很快。如：

我们说话，~就到了十二点。

5. 微风细雨：刮着微风，下着小雨。如：

在一个～的早晨，我送别了一位朋友。

6. 唧唧喳喳（jī jī zhā zhā）：鸟儿聚集在一起的欢快叫声，形容热闹的场景。也形容很多人在一起争着说话，声音很杂乱。如：

小鸟儿在树上～叫个不停，以至于我不能聚精会神地看书。

上课了，你们几个还在那儿～说话，快停下来，如果老师生气了就不好了。

【练习题】

一、注音、组词

晓____ ________ 落____ ________ 觉____ ________

啼____ ________ 眠____ ________ 微____ ________

二、用本课所学的词语填空

1. 我________你喜欢安静，以后在办公室我们说话时会注意的。

2. 你爸爸正在睡觉，你们别________地说话了。

3. 我们一边走路一边聊天，________就走了五里路。

4. 你看，外面________，多好啊，我们打着伞，出去散散步吧。

5. 他经常________，而我却是一上床就呼呼大睡。

三、思考题

1. “处处闻啼鸟”是什么意思？作者通过这句话想表达什么？

2. 诗中提到的“花落”是由什么引起的？这首诗作者表达了什么感情？

九月九日忆山东兄弟①

王 维

【解题】

这是一首重阳节思念家人的作品。王维，唐代著名山水田园诗人，家乡在蒲州（今山西永济），在华山之东，即本诗题目所说的“山东”。王维当时正在京城长安做官，虽然在仕途上比较顺利，但远离了家乡，不免有孤独无亲之感，所以在重阳节这天更加思念亲人。“每逢佳节倍思亲”，千百年来打动了无数游子的心。

独在异乡为异客②，
每逢佳节倍思亲③。
遥知兄弟登高处④，
遍插茱萸少一人⑤。

【注释】

①九月九日：农历九月初九是重阳节，民间有登高、插茱萸、饮菊花酒等习俗。忆：想念。山东：指华山以东，不是现在所说的山东。王维的家乡属于“山东”。

②异乡：他乡。

③倍：加倍，更加。

④遥（yáo）：在很远的地方。登高：重阳节有登高避邪的习俗。

⑤茱萸（zhū yú）：是一种香气浓烈的植物，传说重阳节身上插茱萸可避除灾祸。

【译文】

我独自一人住在他乡为客，每到欢庆佳节时，就更加思念家中亲人。

在遥远的首都长安，我想象着今天兄弟们都登上高山，插上茱萸，却独独少了我一个人。

【赏析】

一个人无论地位多么高，事业多么顺利，当他远离了家乡，独自在外发展时，心中也常会有思乡、想念亲人的情绪。尤其在家人团圆的节日里，游子的孤独与思念就会更强烈。

重阳节是中国的传统节日之一，有登高驱邪的风俗。古人写重阳节的诗很多，王维的这首诗是其中的优秀作品，虽然语言朴素，却表达了游子的思乡之心，是值得人们学习的一首好诗。

第一句写的是诗人远离家乡的内心感受。“独”指单独，“异”表示不同，指别的地方。这句诗里有一个“独”、两个“异”，写出了诗人虽然居住在长安很多年了，但他把那儿当作“异乡”，自己是“异客”，还没有变成本地人，还是外乡人。从这里可以看出作者内心有很强烈的孤独感。

人越是孤独，他的思乡之情自然更加强烈。如果在平日，自己工作忙忙碌碌，思念家乡的心情可能要轻一些，但到了佳节，独在异乡，那种思乡之情就不一样了，会特别强烈，所以第二句说“每逢佳节倍思亲”。

今日是重阳节，“我”只能一个人在遥远的长安，想象着兄弟们登山的样子：大家插着茱萸，有说有笑地登到山的最高处，坐在一起饮菊花酒，发现兄弟们中只有“我”一人不在，他们都很想念“我”。这里，作者不写自己很思念兄弟们，却写兄弟们发现少了我一人而思念“我”，写别人思念“我”，其实就是写我思念他们，或者说双方在这一天互相思念，写得很含蓄，很巧妙。

【重点词语与诗句】

1. 独在异乡为异客：我独自一人住在他乡，心里永远有在他乡作客的感觉。

2. 每逢佳节倍思亲：每到佳节就更加思念故乡的亲人。

【相关词语链接】

1. 异口同声：不同的人同时说出，指很多人说出相同的话。如：

老师问我们懂不懂“叶落归根”的意思，我们～地说：“懂。”

老板邀请大家去外地旅游，问大家想去哪儿，大家～地说：“去云南。”

2. 大同小异：两个事物在很多方面是相同的，不同的部分则较少。如：

你们两个人画的都是猴子吃水果，我看是～。

同学们写的作文都是妈妈怎么爱自己，内容上~。

3. 逢年过节：到过年、过节的时候。如：

~，我都要去拜访张叔叔，向他问好。

孩子们平时都很忙，不常回来，只有~，大家才能聚在一起。

4. 新春佳节：春节。如：

祝您~快乐。

~是全家团聚的日子，也是爷爷奶奶最忙、最高兴的日子。

5. 名言佳句：又叫名言名句，即有名的话，好的句子。如：

"谦虚使人进步，骄傲使人落后"就是~。

"欲穷千里目，更上一层楼"也是~。

6. 倍加：更加。如：

您这么信任我，今后我一定~努力，把工作做好。

逢年过节，我们这些游子~思念亲人。

7. 遥远：距离很远。如：

我家离学校只有几里路，而他家离学校有一千多里路，十分~。

8. 路遥知马力，日久见人心：路途遥远才能知道马力气的大小，时间长久了才能看出人心的好坏。表示时间一长就能看出人真正的品德、能力等。如：

平时他对我很客气，也很热情，但在我最需要他帮助的时候，他却躲开了，真是~。

一个人是好还是坏，不能根据一件事来判断，而应该在很长的时间根据他的行为进行评价，所谓~。

9. 登高望远：登到高处，向远处看。如：

走，我们~，看看这周围的景色。

只有~，才能看到汹涌澎湃、滚滚东流的黄河水。

【练习题】

一、组词

______独 ______异 佳______ 倍______

______逢 ______遍 遥______ 插______

二、选词填空

倍加　　路遥知马力，日久见人心　　逢年过节　　异口同声　　大同小异

1. 他每次的讲话内容________，没有什么特别的，听一次就行了。

2. ________________________，以前认为他很奇怪，现在我才知道他是一个很善良的人。

3. 自从上个月我表扬他之后，他在学习上就________努力，每天都很勤奋。

4. 他以前救助过我，所以我________都会去看他，尤其春节，会早早去拜年。

5. 爸爸问我们去哪儿，我和弟弟、妹妹________地说“去爬山”。

三、问答题

1. 作者为什么会“倍思亲”呢？

2. 重阳节有什么风俗习惯？

3. 你独在异乡时，是什么心情？

相思

王　维

【解题】

王维是盛唐杰出的山水田园诗人，其年轻时多豪放刚健的诗歌，如《使至塞上》“大漠孤烟直，长河落日圆”。后则多写清新自然，富有意境的诗，如《山居秋暝》“明月松间照，清泉石上流”等诗句。其诗有“诗中有画，画中有诗”的美誉。

本诗借红豆来抒发相思之情，后来，“红豆”也成为爱情的信物。

红豆生南国①，
春来发几枝②？
愿君多采撷③，
此物最相思④。

【注释】

①红豆：又名相思子，颜色鲜红，可作装饰品，产于广东、广西，古人常用它来象征爱情或相思。南国：中国南部，因红豆多产于岭南地区、广西，所以说“红豆生南国”。

②春：清王士祯《唐人万首绝句选》作“春”，清赵殿成《王右丞集笺注》作“秋”。发：发出，长出。发几枝：春天来了，红豆树又长出了几枝新枝。

③君：你，诗人对朋友的称呼。采撷（xié）：采摘。

④此物：指红豆。最相思：最能表达相思的感情。

【译文】

红豆生长在南方，春天来了，不知红豆树又长出多少枝条？

希望你多多采摘，因为红豆最能表达相思离别之情。

【赏析】

这是一首借物言情的诗，通过写红豆，来表达对对方的思念与牵挂。“相思”有的表现为夫妻之间的思念，也有男女恋人之间的情思，还有朋友之间的想念。本诗所抒发的是朋友之间的思念与牵挂。

“南国”指南方，是红豆生长的地方，也是朋友所在的地方。首句“红豆生南国”交代了红豆的生长地，也告诉人们朋友在南国，表明自己的相思之情。

既然朋友在那儿，自然就会问他，“春来发几枝”，意思是春天来了，你们那里的红豆长出多少新枝啊？这是朋友式的问话，给人以亲切自然的感觉。红豆树长出了新枝，也就长出了红豆，而红豆代表什么？象征什么？它代表着相思。作者前两句虽然没有直接写相思，但每句都使人联想到相思。

第三、四句则明明白白地告诉朋友“愿君多采撷”，希望你多采摘。“愿”字，充满了深情、希望。为什么让他多采呢？因为“此物最相思”，红豆最能表达深深的思念和美好的友情。本来是诗人思念朋友，但诗人却说对方思念自己，你既然思念我，就多采撷红豆吧。作者用这种方式来表现友谊，这是古典诗词的常用手法，确实很巧妙。

【重点词语与诗句】

愿君多采撷，此物最相思：希望你多多采摘，因为红豆最能表达相思离别之情。

【相关词语链接】

1. 爱情信物：情侣之间表达爱情的物件。信物，指当做凭证的物品。如：

这是他亲手给我织的毛衣，我当时一感动就嫁给了他，那件毛衣就是我们的~。

他从南方寄来的红豆，就是我们的~。

2. 发芽：种子长出。如：

我埋在地里的花生种子开始~了。

3. 采摘：摘下果实、花等。如：

果实熟了，我们去~吧！

苹果还没熟，不能~。

4. 相思之情：分别之后的思念、牵挂等感情。如：

我跟男朋友住在两地，很长时间才能见一次面，那种~是很折磨人的。

我给他写信，表达了深深的~。

【练习题】

一、用本课所学的诗句、词语等知识填空

1. ________生南国，春来________？愿君________，________________。

2. 红豆成为后世人的________。

3. 我们明天去郊外的葡萄园，你要不要一起去________葡萄？

4. 我前几天种下去的种子，现在________了。

5. 他每天都给女朋友写信，以表达________。

二、思考题

1. 红豆生长在哪儿？首句通过“红豆生南国”表达什么？

2. 为什么作者劝他朋友“多采撷”？

3. 作者思念他的这位朋友吗？为什么？

送元二使安西①

王　维

【解题】

朋友要出使安西，王维作了这首送别诗。安西，是安西都护府的简称，是唐朝为统治西域地区而设立的。这位姓元的朋友接受朝廷的任务前往安西，王维就在渭城的旅馆喝酒送别他。诗中表达了依依送别的友情。

渭城朝雨浥轻尘②，
客舍青青柳色新③。
劝君更尽一杯酒④，
西出阳关无故人⑤。

【注释】

①元二：姓元的朋友，他在家中排行（háng）第二，故叫“元二”。使：出使。安西：唐代安西都护府，在今新疆维吾尔自治区库车县。

②渭（wèi）城：在今陕西咸阳市东北，渭水北岸。朝（zhāo）：早上。浥（yì）：湿润。轻尘：清尘。

③客舍：旅店。新：柳叶上的尘土被雨水洗去后青翠嫩绿，像是新长出来的。

④君：元二。更：再。尽：喝完。

⑤阳关：边关名，在今甘肃省敦煌县西南。故人：老朋友。

【译文】

渭城的清晨下着小雨，打湿了地上的尘土。旅店门前的一棵棵柳树，被雨水洗过，显得更加清新翠绿。

朋友，请再喝一杯酒，因为向西走出边界（阳关）后就没有老朋友了！

【赏析】

唐代的很多诗歌，尤其是送别诗，大多是先写景，再抒情，情景交融，富有意境。王勃《送杜少府之任蜀州》就是先写景后抒情，本诗也是这样一首优美的诗歌。

首句“渭城朝雨浥轻尘”，意思是渭城的早晨下了一阵小雨，刚好润湿尘土。这句先交代送别的城市、时间以及环境。因为朋友要出使安西，是向西走，所以他选择在渭城送别。送别的时间则是早晨，天刚刚下过雨，街道上、通往安西的大路上格外洁净、清爽，不像平日尘土飞扬。这是从大的方面写景，写送别的环境。

接下来，作者把送别的地点具体化了，是在旅馆。“客舍青青柳色新”，意思是旅馆内外的杨柳被早晨的细雨洗去了尘土，显得分外青翠碧绿，叶子就像新长出来的一样。为什么作者要写“青青”柳树，而不写别的树呢？原来古人有折柳枝送别的风俗，就是送别朋友时要折断柳枝，来表达依依不舍之情。所以写柳树就是暗示“送别”这件事，使下文所写送别显得自然，这样在艺术上就产生情景融合的效果。

前两句是写景：清朗的天空，洁净的道路，青青的客舍，翠绿的杨柳，这是多么清新美丽的一幅图画啊。可是在这样的景色中，他来给朋友送行，想到自己即将像古人一样折柳送别朋友，不禁产生了难舍难分的情感，但元二又不能不去安西，所以诗人也不知道该说什么话来安慰他，只好劝他多喝酒，“劝君更尽一杯酒，西出阳关无故人”，朋友多喝一杯吧，因为到了阳关外就没有老朋友了，即使喝酒，也没有朋友之间的感觉了。后两句主要是抒情。可以说在艺术上，王维的这首送别诗与王勃《送杜少府之任蜀州》几乎相同，不同的是两者表达的感情格调不同，王维送别朋友所表达的感情带有一些无奈、一些伤感，而王勃则是积极刚健的、自信乐观的。尽管两诗的情感色彩不同，但它们都是情景完美结合的优秀送别诗。

【重点词语与诗句】

劝君更尽一杯酒，西出阳关无故人：劝您再喝尽一杯酒吧，因为向西走出阳关后就没有老朋友了。表达了两人感情的深厚。

【相关词语链接】

1. 一尘不染（yī chén bù rǎn）：一点尘土都没有，表示很干净。如：

他的书放得很整齐，桌子上～，看来这是一个很讲卫生的人。

房间里～，非常干净。

2. 尘土飞扬：尘土弥漫在空中，形容尘土很大。如：

很长时间没下雨了，到处是尘土。一辆汽车过去，就～，根本看不清前面有什么东西。

刚刚扫了一下地，整个教室就～，看来很长时间没打扫了。

3. 一饮而尽：一下子就喝光了。形容一个人很干脆，很爽快。如：

好朋友聚会时，就应该～，不要让来让去的。

我还没劝他，他就～，真是爽快的人。

4. 人尽其才，物尽其用：每个人都能充分发挥自己的才能，每一种东西都能充分体现它的价值。指充分利用人、物，不浪费。如：

在工作中，我们要～，使每个人都能发挥最大的作用。

小张擅长管理，我们让他做班长；小王能歌善舞，我们让她搞宣传；小英会打字，我们让她负责打字工作。这样安排的目的就是～。

5. 尽善尽美：十分完美，做到了最好。如：

每个人都有自己的优点，也有缺点，没有～的。

他是一个十分认真的人，总希望把工作做到～。

6. 莫愁前路无知己，天下谁人不识君：诗句出自唐代诗人高适《别董大》。意思是在你将要去的地方，不要担心遇不到知己，因为天下哪个人不知道你呢！这是安慰朋友不要对前途失去信心，要自信地面对未来。这两句诗表现了诗人自信、乐观、豪放的性格。

7. 你走你的阳关道，我走我的独木桥：以前我们是朋友，但从今以后就不再是朋友了，就像陌生人一样，各人走各人的路，没有任何关系。如：

离婚以后，～，千万别去找我。

以前我们关系亲密，但今天这一件事，你深深地伤害了我，以后～。

【练习题】

一、给画线的词语注音

1. 他拿起酒杯一饮而尽。________

2. 尽管他向女孩表达了相思之情，但女孩没接受。________

3. 我发现他是一个追求完美的人，就告诉他世界上的人或事没有尽善尽美的。________

4. 老王最近的伤心事太多了，头发都斑白了。________

5. 你整天朝三暮四的，这样不好。________

6. 他朝着门口走去。________

二、用本课所学的诗句、词语等知识填空

1. 渭城朝雨浥轻尘，________。劝君更尽一杯酒，________。

2. 这件事你伤了我的心，我们不会再合作了，今后________________。

3. 你看，房间里________，我们还是出去，到一个空气清新的地方吧。

4. 这件事情很重要，所以我们要尽量做到________，让老板满意。

5. 桌子擦得________，房间收拾得很整洁。

6. 我太渴了，拿起一瓶水，________。

7. 我们在安排大家的工作时一定会________，让每个人的能力得到充分发挥。

三、思考题

1. 唐代诗歌大多能情景交融。本诗的“景”是什么？“情”是什么？两者是否很好地融合在了一起？

2. 送别朋友时，每个人表达感情的方式是不一样的，有的是劝慰，有的是悲伤，表现出不同的思想情绪。王勃《送杜少府之任蜀州》和高适《别董大》都是送别朋友的诗，都有劝慰的话，请你说出每首诗的著名诗句。从这两首诗与本诗“劝君更尽一杯酒，西出阳关无故人”的比较中，你能否说出这三位诗人的性格特点。

秋浦歌①

李　白

【解题】

李白（701—762），字太白，祖籍陇西成纪（今甘肃天水）。少年时居住在四川，二十五岁离开四川远游，先居住在湖北安陆等地，后到长安求取功名，却失败而归；后来唐玄宗亲自请他入京，但他在京城长安居住的时间并不长，因为皇帝不再信任他而被赶出京城，于是他向东游览了洛阳、开封、登封以及山东等地。“安史之乱”期间，他成了永王李璘的幕僚，后来永王因“造反罪”被皇帝唐肃宗所杀，李白也被流放。在去夜郎的路上他被释放，投奔当涂（今属安徽）县令李阳冰，不久就因病去世。

李白以写诗闻名，被称作“诗仙”，是中国古代最伟大的诗人之一。《静夜思》：“床前明月光，疑是地上霜。举头望明月，低头思故乡。’这首脍炙人口的诗歌就是他的作品。他的诗歌有描写大好山河的，有抒发诗人理想的，也有表达对社会的不满与悲愤之情的，创作中多采用夸张、比喻、拟人等手法，使诗歌表现出浪漫主义的风格特点。

《秋浦歌》共十七首，其中最有名的是第十五首《秋浦歌·白发三千丈》。

白发三千丈，缘愁似个长②。

不知明镜里，何处得秋霜③？

【注释】

①秋浦（pǔ）：在今安徽池州市西南，是唐代著名产铜、银的地方。

②缘（yuán）：因为。似个：这么。

③秋霜（shuāng）：秋天的霜，这里形容白发。

【译文】

我的白发长到三千丈，只因心中的忧愁才使它那么长。

在明亮的镜子里，看到满眼的秋霜——白发，我真不知道它是从哪里来的！

【赏析】

这首诗采用了浪漫夸张的手法，抒发了诗人怀才不遇的悲愁。

首句“白发三千丈”作了奇妙的夸张，说自己的白发有三千丈。一个人的身高一般不到两米，怎么会有三千丈的头发呢？作者只是形容自己的白发很长。为什么会这么长呢？第二句说得明明白白，“缘愁似个长”，因为发愁而这么长。

这些白发应该是很长时间长成的吧？不是，李白说是一晚上突然变成的，“不知明镜里，何处得秋霜”。“秋霜”指白发，这是说早晨我照着明亮的镜子，看到镜子里的满头白发，简直不知道这些秋霜——满头白发是怎么来的。前面已经说白发是因为

“愁”所引起的，那他为什么后面又说不知道产生白发的原因呢？其实作者只是想表达十分吃惊的心情——怎么一晚上头发全白了！那是“愁”所引起的，而且这不是一般的愁，是很大的愁。那么李白“愁”什么呢？尽管作者没有说，但是我们可以猜想：李白是一个自我感觉很好的人，对自己的才能很自信，相信自己不但有写诗的艺术才能，还有管理国家、使人民过上好日子的政治才能，但现实是他没有得到皇帝的欣赏，没有得到任用，所以感到自己的理想不能实现，才能不能发挥，心中不免产生了忧愁与悲愤，以至于一夜白头。

总之，作者运用夸张和比喻的手法表达了自己的“愁”，“三千丈”形容白发之长，“秋霜”形容白发之多，白得像雪，从而含蓄地说出了自己的不满，给人们塑造了一个“白发三千丈”的人物形象。

【重点词语与诗句】

1. 白发三千丈：我的白发长到三千丈。

2. 不知明镜里，何处得秋霜：在明亮的镜子里，看到满眼的白发，我不知道它是从哪里来的！

【相关词语链接】

1. 君不见高堂明镜悲白发，朝如青丝暮成雪：诗句出自李白《将进酒》。青丝，指黑头发。意思是你难道没有看见高堂上明亮的镜子里的一头白发，早晨还是满头黑发，傍晚却变得像雪一般白？意为感叹自己的衰老。

2. 心如明镜：对这事自己心里很清楚，很明白，就像明镜里照出来的一样清清楚楚。如：

你别说了，你们谁对谁错，我～，很清楚。

他虽然70岁了，但很多事情，他都～，一点儿都不糊涂。

【练习题】

一、注音、组词

丈____ ________ 缘____ ________ 愁____ ________

镜____ ________ 霜____ ________ 漫____ ________

二、用本课所学的诗句、词语等知识填空

1.“白发三千丈”的“三千丈”，形容白发________，这里运用了________手法。

2.“缘愁似个长”的“缘”指________，“似个”指________。

3.“不知明镜里”的“明镜”指________。

4.“何处得秋霜”的“秋霜”指________，这里运用了________手法。

三、问答题

1. 作者通过这首诗表达了什么感情？

2. 谈谈你读完这首诗的感受。

月下独酌

李　白

【解题】

李白很多诗歌都写到酒和月这些意象。酒能表现李白自由、豪放的性格，而月亮既表现了李白浪漫、纯洁的气质，又表现了孤独、寂寞的情感。在《月下独酌》中，诗人运用丰富的想象，“举杯邀明月”，通过写独自一人喝酒、“无相亲”而邀请明月的孤独感，表现了既浪漫又有些悲凉的独特境界。

花间一壶酒，独酌无相亲[1]。
举杯邀明月[2]，对影成三人[3]。
月既不解饮[4]，影徒随我身[5]。
暂伴月将影[6]，行乐须及春[7]。
我歌月徘徊[8]，我舞影零乱[9]。
醒时相交欢[10]，醉后各分散。
永结无情游[11]，相期邈云汉[12]。

【注释】

①独酌（zhuó）：一个人饮酒。无相亲：没有亲近的人。

②杯：酒杯。对影：对着自己的影子。

③成三人：明月、我以及我的影子正好成了三个人。

④不解：不懂，不会。饮：喝酒。

⑤影：影子。徒：空，白白的。

⑥暂（zàn）：暂时。伴：陪伴。将：和。

⑦须：应该。及春：趁着青春年华，趁着年轻。

⑧月徘徊（pái huái）：明月随我来回移动。

⑨影零乱：因起舞而身影纷乱。

⑩交欢：与明月、影子一起欢乐。

⑪无情：忘却世情。相期：相约。

⑫邈（miǎo）：遥远。云汉：天空。

【译文】

花丛的桌子上放着一壶美酒，我独自喝着，身边没有一个亲朋好友。

我有些孤独，举杯邀请天上的明月，对着我的影子，便成了三个人，一起饮酒。

明月既不懂得喝酒的快乐，影子也只能默默地跟随在我的左右，它们都不能消解我的忧愁。

（明月、影子虽不能善解人意，但总比一个都没有好）我只得暂时陪着明月、影子，趁着大好青春，与它们及时行乐。

我唱歌曲时，月亮伴随我，在我身边徘徊；我手足舞蹈时，影子也跟着我左右晃动。

我清醒时与明月、影子一起欢乐，喝醉后便与它们各自分开。

我要与它们结成永恒的友谊，相约在遥远的天空上游玩。

【赏析】

人孤独的时候，常常会找朋友一起聊天、玩乐、吃饭、喝酒，一起说啊、笑啊、唱啊、叫啊，心里高兴了，寂寞、烦恼也就消失不见了。可以说，朋友、亲人的鼓励与支持最能让人战胜孤独。可是如果连一个朋友都没有，那种孤独感就会变得十分强烈。《月下独酌》这首诗就是描写李白孤独时，没有人可邀请，只好邀请明月和自己的影子来陪伴自己喝酒的情景，这两个“朋友”只会使诗人更加孤独。

在一个寂静的夜晚，诗人独自坐在院子里喝酒。“花间一壶酒”是说花园的桌子上有一壶酒，而喝酒的只有诗人一个人，没有亲朋好友，所以是独酌，是“无相亲”。一个人喝酒，冷冷清清，而且酒越喝越没有意思，于是寂寞的诗人突发奇想，他要请“人”来：他邀请天上的明月来，“举杯邀明月”，还要邀请自己的影子来，这样，“对影成三人”，月亮、自己和自己的影子就成了三个人，人一多，喝酒就会热闹。诗人的想象确实很奇特，我们禁不住为他拍手叫好，同时也深深感到诗人太孤独了，孤独得只能找明月、影子来安慰自己。

明月、影子毕竟不是“人”，不能安慰诗人受伤的心灵和孤独的心情。“月既不解饮”，月亮不会饮酒，更不懂饮酒能使人忘记忧愁、感到快乐，这使诗人觉得喝酒很无趣。影子呢？“影徒随我身”，只会跟在“我”的左右，连一句知心的话都没有。所以“对影成三人”，其实就他一人，十分孤独的一个人。尽管它们不是最理想的伙伴，但自己确实没有别的朋友，也只好“暂伴月将影，行乐须及春”，暂时陪着月亮和影子，趁着大好青春及时行乐，千万别浪费了时光。可见三个人在一起的快乐、热闹是虚假的，诗人的孤独才是真实的。他越说快乐，越表明他孤独。

喝酒有些无聊，那就唱歌、跳舞吧。“我歌月徘徊，我舞影零乱”，意思是“我”唱歌时，月亮在“我”身边徘徊。“徘徊”两字描摹了月亮无聊的样子，它听不懂我唱的歌曲，只好走过来、走过去。影子会不会好一些？我跳舞时，影子因跟不上我，身影零乱，十分狼狈。看来，月亮和影子也是很努力地跟着我，但它们对我的帮助确实有限。我只能把它们聚在一起，所以我清醒时大家还可以相互喝酒，共同快乐，但大醉后我什么都不知道了，月亮与身影也都各自分散。

最后诗人说：“永结无情游，相期邈云汉。”诗人希望与“明月”、“影子”相约到天空游玩。因“月”和“影”都是无情之物，而与无情之物交游、相约，一方面可看出诗人的有情，不忘老朋友；另一方面也更能看出他的孤独，因为孤独，所以不但现在与明月、影子结交，还要永远相交。

诗人想象丰富，把内心孤独的情感表现得很充分。他孤独，所以邀请明月、影子；明月和影子不能理解诗人，他更孤独。而越孤独，他越不让它们离开，而且还“永结无情游”。

【重点词语与诗句】

1. 举杯邀明月，对影成三人：举杯对着天空，邀请明月来喝酒，我、明月与我的影子，便成了三个人。

2. 月既不解饮，影徒随我身：明月既不能理解喝酒的快乐，影子也只能默默地跟随在我的左右。表示月亮和影子都不能理解我的孤独、悲伤。

3. 我歌月徘徊，我舞影零乱：我唱歌，月亮就伴随我，在我身边徘徊；我手舞足蹈，影子便随我起舞，留下了零乱的样子。

4. 不解：不明白对方的意思。如：困惑～，疑惑～，迷惑～。

无论我怎么讲，他仍然迷惑～。

我疑惑～的是，他那天明明在我这儿，怎么会到商店偷东西呢？

5. 零乱：放得很乱，不整齐。如：

你把这些东西放得太～，要收拾一下。

房子里的桌椅摆放得很～，需要重新整理。

【相关词语链接】

1. 淋漓尽致（lín lí jìn zhì）：形容写作或说话表达得非常充分、透彻，或非常痛快。如：

这篇文章~地表达了爱国思想。

在这场足球比赛中，双方都把自己的技术特点发挥得~。

2. 对酌/对饮：两个人一起喝酒。如：

只有我一个，没人跟我~，真没意思。

3. 如影随形/形影不离：就像物体与影子一样，紧紧相随，永不分开。如：

老板走到哪儿，秘书也走到哪儿，~。

我跟他是好朋友，我们一起吃，一起住，一起玩，真是~。

4. 及时行乐：趁着这大好时光，好好享受，寻欢作乐。如：

他说生命其实很短，要~，所以他把父母给的钱花光后，又想着卖房子。

现在很多人只知道~，而不知道努力工作。

5. 各奔东西：各走各的路，指分开，分手。如：

毕业后，大家都~，有去北京的，有去南京的，也有回家的，也有出国的。

他们夫妻二人离婚后，~。

【练习题】

一、注音、组词

酌____ ________ 解____ ________ 暂____ ________

徘____ ________ 邈____ ________ 淋____ ________

二、用本课所学的诗句、词语等知识填空

1. 举杯________，对影________。

2. 月既________，影徒________。

3. 我歌月________，我舞影________。

4. 我困惑________的是，这么简单的问题你都不懂，你是怎么考上大学的？

5. 他每天都跟我________，像是我的保镖。

6. 大家后来都________，再也没有见过面。

7. 把东西放整齐一些，不要那么________，像被人偷过一样。

8. 他劝我要________，不要整天就知道工作，说实话，我很难接受他的观点。

9. 他的观点已经表达得________了，我们都懂了。

三、思考题

1. 作者为什么要邀请明月？

2. “对影成三人”，为什么作者仍然说自己是孤独的？

3. 欣赏完这首诗，你最大的感受是什么？

将进酒

李　白

【解题】

《将进酒》是李白的代表作。唐天宝十一年（752），李白和岑勋到嵩山（今河南登封市境内）好友元丹丘家做客，三个人登高饮酒，看到黄河水滚滚东流，想到生命易老，再联想到八年前自己被皇帝唐玄宗“赐金放还”、永不任用的现实，他满怀悲愁，写下了这首千古名篇。

君不见黄河之水天上来，奔流到海不复回[①]。
君不见高堂明镜悲白发，朝如青丝暮成雪[②]。
人生得意须尽欢，莫使金樽空对月[③]。

天生我材必有用，千金散尽还复来[4]。
烹羊宰牛且为乐[5]，会须一饮三百杯[6]。
岑夫子、丹丘生[7]，将进酒[8]，杯莫停[9]。
与君歌一曲[10]，请君为我倾耳听[11]。
钟鼓馔玉不足贵[12]，但愿长醉不复醒[13]。
古来圣贤皆寂寞[14]，惟有饮者留其名[15]。
陈王昔时宴平乐[16]，斗酒十千恣欢谑[17]。
主人何为言少钱[18]，径须沽取对君酌[19]。
五花马[20]，千金裘[21]，呼儿将出换美酒[22]，
与尔同销万古愁。

【注释】

①之：的。海：东海。复：再。这句诗是说你难道没有看见，汹涌澎湃的黄河水好像从天上倾泻而来，它滚滚东去，奔向东海，永远不会回还。诗人以眼前黄河水的奔流东去、一去不复返，联想到时光流逝、人生易老。

②高堂：高大的屋子。明镜：明亮的镜子。朝：早晨。青丝：比喻黑头发。暮：晚上。这句诗是说，你难道没有看见人们面对高堂上明镜里的那一头白发而悲伤？早晨还是满头黑发，傍晚却变得雪白。

③须：应该。尽欢：尽情欢乐。莫：不要。金樽（zūn）：金杯，用黄金制成的酒杯。空对月：空对明月，指金杯无酒。这句诗是说既然生命易老，那么人生得意之时，就应当尽情欢乐，不要让这金杯无酒，空对明月，表达了诗人及时行乐，尽情享受，畅快饮酒的情绪。

④材：人才。散尽：用完。这句诗是说既然老天生下我这个人才，就必有用处，即使千两黄金用完了，也会重新得到。诗人表现了乐观自信的心理。

⑤烹（pēng）羊宰牛：杀牛杀羊，指丰盛的酒宴。且：姑且。

⑥会须：应当。

⑦岑（cén）夫子：岑勋。丹丘生：元丹丘，是一位隐士。

⑧将（qiāng）：请。进酒：喝酒。

⑨莫：不要。

⑩歌：唱。

⑪侧耳：认真。

⑫钟鼓馔（zhuàn）玉：形容富贵豪华的生活。钟鼓：富贵人家的音乐。馔玉：美好的饮食。不足贵：不值得珍惜。

⑬但：只。长醉：永远喝醉。复：再。

⑭古来：自古以来。皆：都。寂寞：这里指被世人冷落的意思。

⑮惟有：只有。饮者：喝酒的人。留其名：留下了美名。

⑯陈王昔时宴平乐：陈王曹植从前在平乐观举行宴会。陈王：曹植。宴：举行宴会。平乐：宫殿，在洛阳西门外。

⑰斗酒十千恣（zì）欢谑（xuè）：喝着名贵的酒，纵情地欢乐。斗酒十千：一斗酒价值十千钱，表示很名贵。恣：放纵、无拘束。谑：玩笑。

⑱何为：为什么。

⑲径须：应该。沽（gū）取：买来。

⑳五花马：指名贵的马。

㉑千金裘（qiú）：价值千金的毛皮衣服。

㉒将：拿。

【译文】

你难道没有看见，汹涌奔腾的黄河之水，有如从天上倾泻而来？它滚滚东去，奔向东海，永远不会回还。你难道没有看见，人们在高堂上面对明镜悲叹那一头白发？早晨还是满头黑发，傍晚却变得像雪一样。因此人生得意的时候，就应当尽情欢乐，千万不要让金杯空对皎洁的明月。既然老天生下我这个人才，就一定会有用武之地，即使散尽了千两黄金，也会重新得到。

烹羊宰牛姑且尽情享乐，今日相逢，我们应该喝三百杯。岑夫子，丹丘生，请快喝，不要停，我为你们唱一首歌，请你们好好听。

富贵豪华生活并不值得视为珍贵，我只愿永远沉醉，不愿清醒过来。自古以来那些圣贤无不感到孤独寂寞，不为人所知，唯有痛饮美酒的人才能留下美名。陈王曹植过去曾在平乐宫大摆酒宴，即使一斗酒价值十千也会尽情地行乐。主人啊，你为什么说钱已经不多了？快快去买酒来，让我们喝个够。让你的儿子牵来名贵的五花马，拿着价钱昂贵的千金裘，去换美酒，让我们共同来消尽这无穷无尽的万古忧愁！

【赏析】

李白是一个十分自信的人，他认为自己有很高的政治才能，所以对政治怀着满腔的热情，但现实却是没人用他——他八年前就被皇帝抛弃了。他一直很郁闷，觉得怀才不遇。天宝十一年，他与友人岑勋在嵩山友人元丹丘家饮酒，“将进酒”就是请喝酒的意思。借着酒劲儿，他把心中的不满表达得淋漓尽致，同时也把乐观、自信、狂放的性格传递给读者。

全诗可分为两段：

第一段，从“君不见黄河之水天上来”到“会须一饮三百杯”，表现了诗人由忧愁悲伤到乐观开朗的情感变化。

作者跟朋友们登高喝酒，看见黄河水汹涌澎湃、滚滚东流，“君不见黄河之水天上来，奔流到海不复回”，河水流向东海。孔子曰：“逝者如斯夫，不舍昼夜。”时间就像东流水一样永不停止，一去不复返。李白用水的“不复回”，比喻时间的流逝。时间一天天过去，“我”也不再年轻，头上已有很多白发，于是李白很自然地写出下面的句子：“君不见高堂明镜悲白发，朝如青丝暮成雪。”意思是你有没有在高堂明镜里看到自己满头白发而悲伤，早晨还是一头黑发，傍晚就变成了雪白银发。这几句，作者由写黄河水的流逝，转而写人生易老，由写景转而写人，十分自然。“朝如青丝暮成雪”运用了夸张的手法，主要表现生命很容易衰老。天宝三年，李白被迫离开首都长安，远离了政治。他认为自己的才能被浪费了，自己的生命就这样衰老了，所以诗人写出了这样悲痛的诗句。

但是李白是一个性格豪放的人，是一个伤心来得快、去得也快的人，接下来他又恢复了自己开朗自信的性格。他自我安慰：既然无法改变现实，那就不想它了，今天朋友的聚会也算人生快乐的事儿，“人生得意须尽欢，莫使金樽空对月”，我们就应该痛痛快快地喝酒，不要只是唉声叹气，让酒杯白白地“对月”，更何况“天生我材必有用，千金散尽还复来”，意思是上天既然生下“我”这个人才，必然会有大用，尽管现在不如意，但也不能对未来失去信心；即使千两黄金用完了，我们还会挣来的，不必担心。所以要尽情欢乐，“烹羊宰牛且为乐，会须一饮三百杯”，杀牛烹羊，摆酒设宴，相会时就应当喝三百杯。好像刚才天空还是阴沉沉的，而现在一下子晴朗起来，诗人的心情此时已完全没有了忧愁、悲伤，转而变得乐观狂放。

第二段，从“岑夫子、丹丘生”到诗歌结尾，通过诗人唱给朋友的歌曲，表达了酒逢知己千杯少、尽情喝酒的心情。

心情好转的李白大声叫着朋友的名字，“岑夫子、丹丘生，将进酒，杯莫停”，劝岑勋和元丹丘快喝酒，酒杯不要放下来。诗人要“与君歌一曲，请君为我侧耳听”，给你们唱支歌，请好好听着。这几句采用口语形式，显得活泼可爱。

李白唱道：“钟鼓馔玉不足贵，但愿长醉不复醒。”他认为，钟鼓馔玉的富贵生活没什么珍贵的，而快乐喝酒、一醉不醒是自己最喜欢的。他不羡慕富贵的生活，只希望能过天天喝酒的日子，从这里我们不难看出李白渴望自由的性格。接下来他又给自己找出喝酒的理由——“古来圣贤皆寂寞，惟有饮者留其名”，你们看，自古以来，圣贤都很寂寞，常常被人忘记，只有会喝酒的人才在世上留下他的名字，为人所知。这当然不是事实，只是李白的“个人观点”——喝酒是很光荣的事。为了说服人们，他又举了一个例子：“陈王昔时宴平乐，斗酒十千恣欢谑。”“陈王”指曹植，好喝酒，他以前在平乐宫设宴，一斗酒值十千，但他一点都不在乎，让大家尽情欢乐，因此留下了大名。李白借历史人物来说喝酒的好处，劝岑夫子和丹丘生好好喝酒。说完历史人物，他又回到了现实——酒席上，让主人快去买酒，“主人何为言少钱，径须沽取对君酌”，指主人怎么说钱不多了呢？应该直接去打酒来，我与你们同饮。可能李白已经喝得很多了，主人害怕他喝醉，就假装说没酒了，没钱买了，而李白就反驳主人，让主人赶快去买酒。如果没有钱，也可以“五花马，千金裘，呼儿将出换美酒”，意思是喊出你的儿子，叫他拉着宝马、拿着贵重的大裘，只管去换酒。因为李白要借酒消愁，“与尔同销万古愁”，与大家痛快喝酒，消掉这万年的忧愁。诗人的狂放此时达到了顶点，他率真、自然的性格也给我们留下了极其深刻的印象，得到很多人的喜爱、赞赏。

【重点词语与诗句】

1. 君不见黄河之水天上来，奔流到海不复回：你难道没有看见，汹涌澎湃的黄河水，就像从天上倾泻而来的？它滚滚东去，奔向东海，永远不会回来。

2. 君不见高堂明镜悲白发，朝如青丝暮成雪：你难道没有看见，从高堂的明镜里，看到那一头白发，让人悲伤。早晨还是满头黑发，傍晚却变得像雪一样白。

3. 人生得意须尽欢，莫使金樽空对月：人生得意的时候，就应该尽情欢乐，千万不要让金杯（酒杯）白白地对着皎洁的明月。

4. 天生我材必有用，千金散尽还复来：既然老天生下我这个有用人才，就一定会有用处，即使散尽了千两黄金，也会重新得到。

5. 钟鼓馔玉：形容富贵人家的生活。如：

他生在贵族家庭，从小就过着～的生活。

6. 倾听（qīng tīng）：认真地听。如：

我会～同学们的意见的，大家有什么想法尽管说出来。

他们都很有经验，所以大家要～他们的讲话。

【相关词语链接】

1. 倾泻（qīng xiè）：大量的水从高处急速流下。如：

黄河的水像是从天上～而来。

2. 尽情欢乐：没有约束地行乐。如：

考试结束了，我们到 KTV～去吧。

听到这个好消息，大家都又唱又跳，又说又笑，～。

3. 杀羊宰牛：又杀牛，又杀羊，表示很热情地招待。如：

花木兰女扮男装，替父从军，十二年后才回到故乡，他弟弟高兴得～，来接待姐姐。

听说这位英雄要来我们这儿访问，我们～，准备招待他。

4. 怀才不遇：自己很有才能，但得不到信任与任用。如：

老板不支持他，他觉得～，很郁闷。

你～只是暂时的，总有一天你会大有作为的。

5. 得意洋洋：形容十分得意、满足的样子。如：

他考得很好，就～地说："怎么样？我很厉害吧？"

他在公司里如鱼得水，工作很顺心，在同事面前常常表现出～的神情。

6. 一醉方休：一直喝到醉才肯停止。如：

今天老同学见面，我们要～。

今天有这么多的好酒好菜，我们两个一定要～。

7. 在所不惜：付出很大的代价，也不觉得可惜。如：

如果能救这个孩子，让我献出自己的生命，我也～。

别说花 5 万元，即使花光我所有的钱，我也～。

8. 举杯消愁愁更愁：诗句出自李白《宣州谢朓楼饯别校书叔云》，意思是举杯喝酒，本想去掉忧愁，结果反倒愁上加愁。

【练习题】

一、注音、组词

奔____ ________ 须____ ________ 宰____ ________

暮____ ________ 烹____ ________ 倾____ ________

寂____ ________ 宴____ ________ 销____ ________

径____ ________ 沽____ ________ 裘____ ________

二、用本课所学的诗句、词语等知识填空

1. 君不见黄河之水________，________不复回。

2. 君不见高堂明镜________，____________________。

3. ____________________，莫使金樽空对月。____________________，千金散尽还复来。

4. 雨下得好大啊，就像从天上________下来的。

5. 我们好不容易才相聚在一起，今天谁都得喝，我们要________。

6. 他走过来，________地说："那么难的事儿，我已经做好了。你羡慕吧？"

7. 花多少钱，我都________，只要能治好她的病。

三、解释画线词语的意思

1. <u>将</u>进酒

2. 呼儿<u>将</u>出换美酒

3. 奔流到海不<u>复</u>回

4. 莫使金樽<u>空</u>对月

5. 千金散尽<u>还复</u>来

6. <u>斗</u>酒十千恣欢谑

7. 与尔同<u>销</u>万古愁

四、思考题

1. 两句"君不见"在意思上有什么联系？

2. 从这首诗中，你能看出李白的性格吗？

石壕吏

杜　甫

【解题】

《石壕吏》是唐代伟大的现实主义诗人杜甫的作品　这首五言古诗，通过自己亲眼所见石壕吏夜晚捉人的事，揭露封建统治者的残暴，反映了唐代“安史之乱”战争给人民带来的深重灾难，表达了诗人对劳动人民的深切同情。

暮投石壕村[①]，有吏夜捉人。
老翁逾墙走[②]，老妇出门看。

吏呼一何怒[③]！妇啼一何苦[④]。
听妇前致词[⑤]：
“三男邺城戍[⑥]，一男附书至[⑦]，二男新战死[⑧]。
存者且偷生[⑨]，死者长已矣[⑩]。
室中更无人，惟有乳下孙[⑪]。
有孙母未去[⑫]，出入无完裙[⑬]。
老妪力虽衰[⑭]，请从吏夜归[⑮]。
急应河阳役[⑯]，犹得备晨炊[⑰]。”

夜久语声绝[⑱]，如闻泣幽咽[⑲]。
天明登前途[⑳]，独与老翁别[㉑]。

【注释】

①暮（mù）：傍晚。投（tóu）：投宿。石壕（háo）村：今河南省陕县东七十里。

②老翁：老头。逾（yú）：越过，翻过。走：跑。

③一何：多么。

④苦：凄苦。

⑤前致词：走上前说话。

⑥邺（yè）城：今河南省安阳市。戍（shù）：防守。

⑦附书至：捎信回来。

⑧新：最近。

⑨存者：活着的人。且偷生：姑且活着。

⑩长已矣：永远完了。

⑪惟有：只有。乳（rǔ）下孙：还在吃奶的孩子。

⑫去：离开，这里指改嫁的意思。

⑬出入：出门及在家里。完裙：完整的衣服。

⑭老妪（yù）：老妇人，指自己。

⑮请从：请求跟从。请从吏夜归：请让我今晚跟你一起回营去。

⑯应：应征。河阳：今河南省孟县，当时唐朝官兵与叛军在这里作战。役：服役。

⑰犹得：还能够。备：准备。晨炊（chuī）：早饭。

⑱夜久：半夜。语声：说话声。绝：断绝，消失。

⑲如闻：好像听到。泣：哭泣。幽咽（yōu yè）：不出声的哭泣。

⑳登前途：继续赶路。

㉑独：只。别：告别。

【译文】

我傍晚投宿石壕村，有差役夜里来抓人。老翁越墙逃走，老妇走出来查看情况。

差役吼叫得多么凶狠啊！老妇人啼哭得多么凄苦啊！我听到老妇上前说：“我的三个儿子去邺城服役了。其中一个儿子捎信回来，说另外两个儿子刚刚战死。活着的人姑且活一天算一天，死去的人就永远完了！我家里再也没有别的男人了，只有个正在吃奶的孙子。因为有孙子在，他母亲还没有改嫁，进进出出都没有一件完整的衣服。老妇我虽然年老力衰，但请让我跟从你连夜赶回营去，赶快到河阳去服役，还赶得上为部队准备早餐。”

夜深了，说话的声音消失了，好像听到断断续续的哭泣声。天亮后，我踏上前方的路，只跟老翁一个人告别。

【赏析】

《石壕吏》是一首叙事诗。杜甫根据自己投宿石壕村的所见所闻，写下了“安史之乱”时老百姓的遭遇，批评了官府的残酷无情。

前四句为第一段，主要是交代夜晚有小官吏来石壕村捉人这件事。首句“暮投石壕村”，点明了作者的身份——行人，是投宿在石壕村的人，以及投宿的时间（傍晚）和地点（石壕村）。次句“有吏夜捉人”，告诉我们作者正赶上小官吏夜晚抓人。这句的“捉人”是全诗的中心，是最重要的内容，因为下面所有的事情都跟它有关系。这句的“夜”字用得好，我们不禁要问：为什么是夜晚抓人，而不是白天呢？作者虽然没说，但我们可以想象，白天男人们都跑出去躲起来了，官吏来抓是抓不到的，而到了晚上男人们都回家吃饭睡觉了，所以官吏夜晚来抓人。这种抓人不是光明正大，有点像强盗的样子，是非法的，怪不得人们都躲避呢。

“我”是“暮”投石壕村的，因为走路劳累，就早早地躺下睡觉了。偏偏遇到官吏“夜捉人”，“我”在睡梦里被吵醒，只听到有人使劲地敲门，大声地喊：“开门，快开门，再不开，我们就踢开了。”这时“我”听到老太太小声地对老头说：“你快翻墙跑！快点。”老头说：“那我跑了，你小心啊。”于是“老翁逾墙走”，老头就翻过墙壁跑了。老太太这才放心，然后慢慢走向大门，“老妇出门看”，边开门边假装地说：“谁啊？有什么事啊？都这么晚了，还敲门？”以上是第一段，告诉我们有抓人这件事。

第二段，从“吏呼一何怒”至“犹得备晨炊”，这十六句主要通过老太太和小官吏的对话，来表现小官吏们的凶恶与不讲理、老太太的恐惧与可怜。老太太一打开门，等得不耐烦的小官吏们就大喊大骂：“该死的老太太，怎么这么长时间才开门？”老太太很伤心地哭了，“吏呼一何怒！妇啼一何苦”，形象地写出了官吏与老太太的神态：小官吏十分生气，而老太太是哭哭啼啼地说话。小官吏不等她哭完，就喊道：“哭什么哭？你们家的男人呢？快出来！”老太太战战兢兢地走到他们面前，“我”听到她说：“我的三个儿子都去邺城服役了。一个儿子前些日子捎信回来，说另外的两个儿子最近刚刚战死。”老太太伤心得要命，长叹了一口气，说“存者且偷生，死者长已矣”，意思是活着的人也是吃不饱穿不暖，苟且活着，比死人好一点儿，而死了的人则永远回不来了。杜甫在床上想：古代规定，一家有两个或多个儿子的，才有一个儿子去打仗；只有一个儿子的，可以免除。而现在，老太太三个儿子都去打仗了，政府也太不仁义了，老太太家真可怜。这时诗人听到小官吏们走进院子里到处搜找的声音，看来老太太的话没有得到县吏的同情或信任，他们还要到处找。听，鸡不停地叫，这些人连鸡窝都看了一遍。老太太看他们没完没了，只好接着说："室中更无人，惟有乳下孙。""无人"指没有成年男子，这是说家里再也没有大男人了，只有一个正在吃奶的小孙子！杜甫想："婴儿总不被带走吧？这样老太太家就没事了，县吏应该离开了。"可是小官吏们一听老太太的话，就像中了彩票一样，很高兴地说："有小孩，就一定有妈妈，把他妈妈叫出来。"老妇一听，就哭了，说："孙儿是有个母亲，但我这个儿媳妇的衣服破破烂烂，没有一件完整的，这怎么见人呀！"县吏吼叫着要抓她儿媳妇去，老太太无奈，只好牺牲自己了，说："老妪力虽衰，请从吏夜归。急应河阳役，犹得备晨炊。"意思是我虽然年老力衰，但请让我跟着你连夜回去，到河阳服劳役，还赶得上为部队准备早餐。对话到此就结束了，县吏不再"怒吼"了，"我"只听到几个人离开的脚步声，心里想：老太太被带走了吗？

第三段为最后四句，写出了事情的结局和作者的感受。"夜久语声绝，如闻泣幽咽"，夜深了，老太太的哭声与小官吏的吼叫声早就消失了，可是"我"隐隐约约好像听到低声哭泣的声音。是啊，这时老头和儿媳妇除了哭泣，还能做什么呢？"天明登前途，独与老翁别"，第二天天亮了，"我"又继续赶路，告别时只见到老翁一个人，看来老妇是真的被抓走了。诗人没有直接表明自己的责备，但是他通过事实，其实已经说出了自己的愤怒：这一家的儿子都去打仗了，还来抓老头，最后连老太太都不放过，还有人性吗？

诗人在石壕村见到的只是一家人的遭遇，其实这是"安史之乱"时老百姓的共同遭遇，诗人想通过这一件事，来表达对统治者的批评，对受苦百姓的同情。

【重点词语与诗句】

1. 老翁逾墙走，老妇出门看：老翁越墙逃走，老妇这才走出门来看。

2. 吏呼一何怒！妇啼一何苦：小官吏大声吼叫，他是多么愤怒啊！老妇人伤心地啼哭，她是多么悲苦啊！

【相关词语链接】

1. 投宿：找地方临时住宿。如：

傍晚时我们来到了一个小山村，这里没有宾馆，我们只好到一户人家～。

这是一个前不着（zháo）村，后不着（zháo）店的地方，根本没村庄～，最后我们只好在树下睡了一晚上。

2. 苟且偷生/苟且活着：勉强活着，根本没有快乐、没有幸福。如：

敌人占领了我们的国家，很多人只是～。

他宁愿过贫苦的生活，也不愿过～的生活。

3. 年老体衰：年纪大了，身体弱了，甚至常有病。如：

她今年70岁，～，不能再让她干活了。

我们要多照顾那些～的人。

4. 哽咽（gěng yè）：因为悲痛而不能痛快地哭出声，或者因为激动而不能说出话来。如：

听到自己没考上大学，他～地哭了。

刚才她被人骂了一顿，我隐隐约约能听到从她房子里传来的～声。

听到获奖的消息，他激动地～着，说不出话来。

5. 服役：根据国家法律规定，去参加义务劳动或参军。如：

他18岁了，根据法律规定，要去～。

古代社会，每名男子都必须～。

【古今词义辨析】

1. 致词：诗中指说话。现在指举行会议或某种仪式时请领导及有身份的人讲话。如：

下面我们请市长～。

2. 孙母：诗中指孙子的母亲，即儿媳妇。现在多指姓孙的人的母亲。如：

这是孙刚，是我们最优秀的学生，那是～，一会儿我们要请她介绍教育孩子的经验。

3. 出入：诗中指出门、进门。现在指两者之间不太一致，有差距。如：

你们两个人说的情况有很大的～。

我计算的结果是95，而你算的是94.5，～不大。

4. 前途：诗中指前面的路，现在多用比喻义，指将来的光景。如：

只有努力，才会有美好的～。

这个人很有能力，虽然现在地位不高，但~将很好。

【练习题】

一、注音、组词

投____ ________ 逾____ ________ 戍____ ________

乳____ ________ 役____ ________ 炊____ ________

绝____ ________ 泣____ ________ 咽____ ________

二、解释画线词语的意思

1. 吏呼一何怒

2. 听妇前致词

3. 一男附书至

4. 二男新战死

5. 存者且偷生

6. 惟有乳下孙

7. 出入无完裙

8. 天明登前途

三、用所给词语完成句子

1. 我们宁愿在战场上被敌人打死，____________________。（苟且偷生）

2. 年轻力壮的人就多干一些，________________。（年老体衰）

3. 她好不容易才买来的电脑，不小心被摔坏了，看着已经不能用的电脑，她____________。（哽咽）

4. ________________，所以他回国了。（服役）

四、思考题

1. 杜甫写了抓人这件事，这仅仅只是这一家的遭遇吗？作者想表达什么思想？

2. 对于官吏抓人这件事，作者有没有直接表达自己的感情？这是否是通过事实来表达感情的一种方式？

3. 请你想象小官吏们来到老太太家以后的情景，然后写下来。注意要运用动作描写、心理描写、语言描写。

五、阅读改编后的《石壕吏》，谈谈自己的感受

县吏恶狠狠地冲进来，四处寻找，却找不到一个男人。

于是生气地吼叫："你家的男人呢？都到哪儿去了？快交出来！"

老妇哽咽着说："三个儿子都去邺城当兵了。一个儿子刚刚捎信回来，说另外两个儿子已经牺牲了！"

县吏瞪大了眼睛，怀疑地说："怎么那么巧？把书信拿给我看看！"

老妇从桌子里取出书信，很恭敬地交给县吏，哭着说道："活着的人活一天算一天，死去的人却再也回不来了！"

不料县吏却极为生气："别再胡说了。难道你家里再没有别人了？快交出来！"

老妇很恐惧，说："房子里真没有人了。"

就在这时，不知道躲到什么地方的被儿媳妇抱在怀里的小孙儿受了惊吓，哭了起来。

县吏一听到这个声音，心里很高兴，但表面上却很严厉，威胁道："你竟敢撒谎！不是有个孩子在哭吗？"

老妇不得已，这才说："只有个孙子，还在吃奶呢。"

县吏接着说："吃谁的奶？总有个母亲吧？还不把她交出来！"

老妇担心的事情终于发生了。她只得解释："孙儿是有个母亲，她的丈夫在邺城战死了，因为有孙子，没有改嫁。可怜她衣服破破烂烂，怎么见人呀！请你们可怜可怜我们，放过她吧！"

县吏一点也没心软，严厉地说："少啰唆，快把她交出来！"

老妇害怕儿媳被抓，饿死孙子，只好牺牲自己，说："我虽然年老，请让我跟你马上回营去，还赶得上为部队准备早餐。"

听完老妇的话，县吏也觉得只好这样了，就勉强同意了，带走了这位年老多病的妇人。

绝　句

杜　甫

【解题】

公元763年，"安史之乱"结束，杜甫的好朋友严武重新回到成都做官，杜甫也回到成都草堂居住。春天来了，他坐在自己家的窗前，看到外面一派生机勃勃的景象，特别高兴，于是就情不自禁地写下了这首小诗。

“绝句”是诗的样式之一。全诗为四句，或为五言绝句，如孟浩然《春晓》；或为七言绝句，如本诗。《绝句·两个黄鹂鸣翠柳》富有清新而优美的意境：近处，窗外的绿柳上有两只黄鹂在欢唱；远处，蓝天上有一行白鹭在高飞；窗中见到远处的高山；门外停泊着远方开来的船舶。作品有“声”有“色”，取景有远有近，有动有静，取得了很高的艺术成就。

两个黄鹂鸣翠柳[①]，
一行白鹭上青天[②]。
窗含西岭千秋雪[③]，
门泊东吴万里船[④]。

【注释】

①黄鹂（lí）：又叫黄莺，是一种鸟，身体黄色，自眼部至头后部为黑色，嘴是淡红色的，声音好听。翠（cuì）：绿色。

②白鹭（lù）：鸟类的一种，全身羽毛雪白，身体较瘦，颈和双腿细长，飞行时头颈和双脚成一直线。上：飞上。

③西岭：西岭雪山。千秋雪：指西岭雪山上覆盖着千年不化的积雪。

④泊：停泊。东吴：古时候的吴国，在长江的下游。万里船：万里以外开来的船只。

【译文】

两只黄鹂在翠绿的柳树上鸣叫，

一行白鹭在蔚蓝的天空上飞翔。

从窗户里可以看到西岭上千年不化的白雪，

在自己家门口则停泊着从万里以外的东吴开来的船只。

【赏析】

杜甫晚年住在四川成都草堂，在一个天气晴朗的春天里，他坐在窗户前，看到外面到处是充满生命与活力的情景。近处，黄鹂在柳树中鸣叫；高处，天上的白鹭在飞翔；从窗户里能看见被冰雪覆盖的高大西岭；门口外停泊着从万里以外开来的船只。全诗看起来是一句一景，有四幅图景，但整体来看，它们是紧密联系在一起的，共同构成一个完整的意境，那就是多彩多姿、富有生命的春天情景。

春天来到，柳树发芽，小鸟鸣叫。首句“两个黄鹂鸣翠柳”，先给我们画了一幅美好春天的近景。窗外的柳树叶子翠绿，那是初春新叶的颜色。树上鸣叫的是两只黄鹂，它身上的黄色，又给满眼的绿色增添了活泼的色彩，不再只有单调的绿色，十分丰富、有趣。同时，黄鹂的飞来飞去、不停鸣唱又与柳树的静止不动形成对比，一动一静，更能表现出生机勃勃的力量。

第二句“一行白鹭上青天”，描写了从窗户看到的天上的景色：天气晴朗，一行白鹭排成“一”字形在蓝蓝的天上飞翔，春天来了，它们正从南方赶回北方呢。“上”字很巧妙，表达了一种向上的精神。色彩搭配得也十分漂亮，天是蓝色的，鸟是白色的，蓝白对比，显得十分有趣；而且天是不动的，鸟是飞动的，静与动结合。

总之，这两句分别从视觉和听觉两个角度，由下而上，由近而远，刻画着春天独有的景象——充满了生命力。翠柳、黄鹂，白鹭、青天，诗人给我们画了一幅色彩绚丽的美丽图画。

第三句“窗含西岭千秋雪”，是诗人所看到的窗外远处的景象。因是初春，远处西岭高山上的积雪仍没有融化。“含”字，采用以小见大的透视写法：窗小、山大，但山在远处，所以西岭就“小”了，被“含”在窗户里了，“远小近大”的视角令人称奇。

末句“门泊东吴万里船”，采用了以近写远的手法，写门口停泊着远方的船，含蓄地表达了思乡还家的心情。杜甫住在远离家乡的成都——长江上游，而门口停泊的是来自东部（东吴）——长江下游的船。现在战乱结束了，交通也已恢复，这只船过几天就要回家了。“回家”这是多么有吸引力的事儿。东吴虽不是杜甫的家乡，但船的回家也使作者产生要回家的想法，或者说让他多年来想回家的愿望更强烈了，毕竟他来四川好多年了。此句既是写景，也流露了作者埋在心里的思乡感情与回家愿望。

中国古代优秀诗歌大多富有意境，这首诗就很好体现了这一特征。这首诗虽然看上去都是写景，似乎没有写作者的“情”，但我们从春天的景色里看出了诗人喜悦的心情。而随着诗人观察角度的转移、描写景物的变换，尤其是写到门外停泊的东吴来的船，使得诗人不由自主地产生思乡的感情。这是诗人一直埋在内心深处的感情，在这个美丽的春天里，也如同花草树木长出一样，诗人终于说出了自己的心声。他能回去吗？他的愿望实现了吗……

【重点词语与诗句】

两个黄鹂鸣翠柳，一行白鹭上青天：两只黄鹂在翠绿的柳树中鸣叫，一行白鹭在蔚蓝的天空上飞翔。

【相关词语链接】

1. 翠（cuì）色欲滴：形容植物叶子的颜色特别绿。如：

南方的树木~，令人忍不住要摸一下。

雨后的树叶~。

2. 生机勃勃（bó bó）：形容生命力很旺盛的样子。生机：富有生命力。勃勃：旺盛的样子。如：

春天来了，到处都是~的景象。

中国的旅游业~，发展非常迅速。

3. 泊（bó）船：船停在岸边、码头或港口。如：

台风来了，我们不得不在最近的码头~。

4. 停泊：船停靠。如：

这个码头可以~五十艘货船。

5. 含情脉脉（hán qíng mò mò）：饱含爱意，默默地用眼神表达自己的感情。常形容面对自己的心上人时有点害羞又有爱意的表情。如：

姑娘见到了自己的心上人，~地看着他。

终于见面了，在机场里，他们～地互相望着对方，什么也没说。

【练习题】

一、用本课所学的诗句、词语等知识填空

1. 绝句分为________言绝句和________言绝句。本诗属于________言绝句。

2. “鸣翠柳”就是在翠柳上鸣叫，“上青天”就是__________________的意思。

3. 本诗的前两句像一幅清新优美的图画，表现了颜色的丰富性，体现了色彩美的特点，“两个黄鹂鸣翠柳”写了________色和________色；“一行白鹭上青天”写了________色和________色。

作者还注意从不同角度来写窗外的风景，即有的写远景，有的写近景。首句是写________景；第二句是写________景；第三句“窗”近而“西岭”远，主要写窗中所见的________景，同时“窗”小而“西岭”高大，作者从窗户中看到了西岭上千年的积雪，用“含”字把“窗”、“西岭”联系起来，这运用了远小________、以小见________的方法。第四句主要写门口停泊着从东吴开来的船，门口是近景，但这船却是从万里之外开来的，又属于________景，因此作者运用了以近写________的方法，含蓄地表达了思乡的心情。

二、用所给的词语完成句子

1. 战争结束了，到处____________，人们都充满激情地建设着自己的国家。（生机勃勃）

2. 她没有跟自己的爱人打招呼，只是远远地__________。（含情脉脉）

3. 这是一个很繁忙的码头，________________。（停泊）

三、请你认真阅读这首诗，用彩色笔把它的诗意画出来。

游子吟[1]

孟　郊

【解题】

孟郊（751—814），浙江德清人，是唐代中期著名诗人。孟郊生活一直贫困，早年多次参加科举考试均没考中，直到五十岁时才得到一个溧阳县尉的小官，于是便把母亲接来住。这首诗就写在此时，热情地歌颂了伟大的母爱。

慈母的爱体现在哪些方面？它就体现在日常生活的小事中。孟郊选取的是母亲为远行的儿子缝补衣服的场景。母亲担心远行的儿子很久才能回来，所以细细密密地给孩子缝补衣服，她将爱心与牵挂一针一线缝在了游子的衣服里，最后诗人说子女无论如何都是报答不了母爱的。这首诗表达了天下儿女的心声，引起了人们的情感共鸣，成为千百年来脍炙人口的一首诗。

慈母手中线，游子身上衣。
临行密密缝②，意恐迟迟归③。
谁言寸草心④，报得三春晖⑤。

【注释】

①游子：出门远游的人，诗中指孟郊。吟：吟唱。

②临：将要。密密缝（féng）：缝得很密。

③意恐：担心。迟迟：很晚。归：回来，回家。

④寸草：小草，比喻游子。寸草心：像小草一样来表达子女的孝心。

⑤三春晖（huī）：比喻慈母给予子女的恩情。三春：春季的三个月，指春天。古代以农历正月为孟春，二月为仲春，三月为季春。晖：阳光，比喻母爱。这句话说春天给小草阳光、雨露、春风，小草无论怎么报答春天，也是报答不了的，比喻自己无论怎么做，也无法报答母亲的恩情。

【译文】

慈祥的母亲手里拿着针线，为即将远游的孩子缝补衣服。

临行前她一针一针细密地给儿子缝衣，担心他很久以后才回来。

谁说像小草那样就能报答得了春天慈母般的恩惠呢？

【赏析】

赞美母爱的诗很多，孟郊的《游子吟》无疑是其中的优秀作品。说到母爱，大家马上想到了妈妈做的菜，妈妈说的话，等等，可以写的内容很多，但要想写出新意，想打动读者，也不是容易的事。而《游子吟》这首诗之所以能感动我们每一个人，就在于作者写了印象最深刻、永远不能忘记的镜头——临行前母亲给他密密缝补衣服，表现了母亲对自己深深的爱。这一典型的情节震撼了所有的人，这首诗也就成了千古名篇。

孟郊一生贫困，常年漂泊在外，尝够了离别的痛苦，而每次出门，母亲都会仔仔细细地给他缝补衣服，这给诗人留下了难忘的印象。开头两句“慈母手中线，游子身上衣”，描写母亲的动作：慈母手拿针线，缝儿子的衣服。这不是母亲平时日子的生活场景，而是给临行前的游子缝补衣服。“临行密密缝，意恐迟迟归”，原来儿子要出远门，老母亲担心，特意为儿缝衣，针线密密。“密密”是一个特写镜头，母亲眼睛可能已经不好使了，夜晚屋里的灯光又不明亮，但是她还是一针一线慢慢地细密地给孩子缝衣服。慈母没有说出自己的担心、牵挂、怜爱，而是把它们“密密缝”进衣服里。可以说，孟郊用“密密缝”这个细节来表现了一个大的主题：母爱，选取角度非常好，很感人。

最后两句“谁言寸草心，报得三春晖”，孟郊用小草作比喻，歌颂了母爱的伟大。小草的生长，得到了春风、春雨、阳光给予的爱，小草想表达对春天的感激，但是无论它怎么报答也是报答不了的。同样，母亲生养并教育孩子，为孩子跑前跑后、操心费力，可以说操碎了心。等母亲年老、孩子长大时，子女想孝顺她，可是无论孩子做什么、做多少，都报答不了她的爱，更何况母爱的付出是不求回报的。

本诗语言朴素，感情真挚，自然感人，是一首好诗。

【重点词语与诗句】

1. 临行密密缝，意恐迟迟归：临行前母亲一针一针细密地给儿子缝衣，担心他很久以后才回来。

2. 谁言寸草心，报得三春晖：谁能说像小草，能报答春天慈母般的恩惠呢？表示儿女无论怎么回报，都报答不了母亲给予他们的深深的爱。

【相关词语链接】

1. 脍炙（kuài zhì）人口：比喻好的诗文或事物十分有名，受到人们的喜爱、称赞。如：

李白的《将进酒》、孟郊的《游子吟》都是～的诗篇。

"欲穷千里目，更上一层楼"，这～的诗句，给人以深刻的思想启发。

2. 共鸣：在思想上或感情上，双方都能产生相同的认识或感受。如：

他说："要学好一门外语，非刻苦努力不可。"这句话引起了我的～，是啊，学习任何知识都需要付出努力。

我也失恋过，所以当他说到失恋的痛苦时，我产生了情感上的～。

3. 严父慈母：父亲对孩子很严厉，有批评、责备，甚至打骂；母亲则很慈爱，有爱护，有照顾。这是中国古代家庭父母教育子女的方式。如：

中国古代家庭通常是～，孩子一般比较害怕父亲。

古代是～，现在则是严母慈父，正好相反了。

4. 漂泊（piāo bó）：为了生活到处奔走，没有固定的住所。如：

这几年我到处～，先到北京，又去上海，再去青岛，后到西安，辛苦极了。

为了生活，他到处～，没有固定工作，只靠打零工生活。

5. 缝补（féng bǔ）：把破了的衣服缝好、补好。如：

以前家里穷，破了的衣服总是要缝缝补补；而现在，很少有人穿～的衣服了。

把你踢球弄破的衣服拿过来，我给你～一下。

6. 姗姗（shān shān）来迟：到达的时间晚了，来迟了。如：

我们开会都开了十分钟了，你才～。

小李是一个比较糊涂的人，每次聚会他总是～。

7. 寸土寸金：很小的土地也像金子一样贵，形容一个地方的地价特别贵，也指国土特别宝贵。如：

这是一个～的地方，1 平方米大约是 3 万块钱。

这是本市最繁华的地方，真是～啊。

【练习题】

一、注音、组词

吟___ _______ 慈___ _______ 临___ _______

密___ _______ 缝___ _______ 恐___ _______

寸___ _______ 晖___ _______ 脍___ _______

二、用本课所学的诗句、词语等知识填空

1. 临行_______，意恐_______。__________，__________。

2. 这是一首_______的歌曲，我们都会唱。

3. “要想学好汉语，必须付出很多努力”，这句话引起了很多留学生的_______。

4. 那是个_______的地方，政府为了给市民提供更多体育锻炼的场所，就把大楼拆了，建了公共体育场。

5. 这个会议很重要，大家都要准时参加，谁都不可以__________。

6. 我们家是_______，我真的有些怕父亲。

7. 你不要再四处_______了，就在我这儿住下吧。

8. 我把这些衣服坏了的地方_______好了，你们可以穿了。

三、问答题

1. 作者写母爱，选取了哪一个生活片段？

2. 作者觉得自己能报答得了母亲给自己的爱吗？

3. 选择你印象最深的一个画面，说说母亲对你的爱。

题都城南庄①

崔　护

【解题】

崔护（？—831），河北定县人，唐代中期诗人。这是一首感情真挚的诗歌，表达见不到心爱女子的惆怅之情。“人面不知何处去，桃花依旧笑春风”两句更是脍炙人口，流传甚广。

关于这首诗，唐代孟棨《本事诗》记载了这样一段传奇故事：崔护考进士不中，清明这天，独自一人到长安城郊的南庄游玩。当时桃花盛开，桃林中有一户人家。崔护有些口渴，便去敲门，很久才有女子从门缝里问道：“谁啊？”崔护说：“我喝酒喝多了，想到你家喝点儿水。”女子开门，请崔护进去，取水来。女子倚靠着院中的桃树，脸色红润，有些含羞地看着他，崔护禁不住喜欢上了她。后来，崔护告辞，女孩送到门口，有些恋恋不舍，崔护也有些舍不得。到了第二年的清明，他忽然想起了那个女孩，于是又来到南庄，找到了那个院子，但门锁着，他等了很久也不见人来，于是在左门上写下这首诗。过了几天，他又去，听到院子里有哭声，于是敲门，一个老父亲走出来，问崔护：“你不是崔护吗？你杀了我的女儿。我女儿已长成大姑娘，从去年开始，常一个人发呆，像想什么心事，前几天我们从外面回来，她见到左门上的字后，进了家就生了大病，不吃不喝，刚刚咽气死了。”崔护听后十分悲痛，就走到女孩尸体旁，大哭：“你怎么就走了呢？崔护来看你了！崔护在这里！”奇怪的事情发生了，死了的女孩慢慢睁开了眼睛，过了几个小时就完全康复了。女孩的父亲高兴极了，就把女儿嫁给了崔护。

去年今日此门中，
人面桃花相映红[②]。
人面不知何处去[③]，
桃花依旧笑春风[④]。

【注释】

①都（dū）城：唐代京城长安，今西安。南庄：城南的一个村庄。

②人面：一个姑娘的脸儿，指女孩的脸色粉红，就像桃花的颜色。映（yìng）：使明显，映衬，衬托。

③人面：指姑娘。

④笑：形容桃花盛开的样子。

【译文】

去年的今天，就在长安南庄的这户人家门里，我见到了那美丽的女孩，她的脸儿白里透红，跟树上的粉红色桃花相互映衬，显得更加红润。

今年的同一天，我又来到这里，那害羞的美丽女孩不知道去了哪里，只有那树上的桃花依旧在春风里盛开着！

【赏析】

清明节这一天，诗人站在农家小院前，敲门，可是半天也没人开门，于是他又回忆起了去年的情景："去年今日此门中，人面桃花相映红。"去年的今日，诗人见到了那女孩，她的脸色白里透红，面若桃花，十分清丽漂亮。院子里有很多桃树，盛开着灿烂的花，女孩给他端来水后，就站在桃树下，在粉红色桃花的映衬下，她本来就粉红的脸更红了，好像很害羞的样子，这让年轻潇洒的作者有些心动，喜欢上了这个女孩。而女孩看他时也含情脉脉，他们两个一见钟情。后来他有些不舍地离开了，以后因为种种原因，他一直没再来过。

今年的清明，他又想起去年的那一个女孩，于是来到这个被桃树包围着的小院子。崔护轻轻敲着木门，左等右等，也不见她。"人面不知何处去"，只剩下门前一树桃花仍旧在春风中含笑盛开。人不在，花依旧，这更增加了作者的那份伤感。"依旧"两字，写出了诗人对往事的怀念，也写出他现在的惆怅。

整首诗用“人面”、“桃花”作为线索，通过相同景物而“人不同”的对比，表达了诗人无比感伤、惆怅的心情。

【重点词语与诗句】

1. 人面桃花相映红：我看见那美丽的女孩，她白里透红的脸儿跟盛开的粉红色桃花互相映衬，显得分外红艳。

2. 人面不知何处去，桃花依旧笑春风：那美丽的女孩儿不知道去了哪里，而树上的桃花依旧在春风里灿烂地盛开着。

【相关词语链接】

1. 白里透红：形容一个人很健康，气色好，脸儿白中又带着粉红色。如：

你看，他的脸色～，一定很健康。

2. 面若桃花：比喻女子的脸儿像桃花一样白里透红，十分美丽。如：

这个女孩～，太漂亮了。

那个～的女孩，吸引了很多人的目光。

3. 灿烂（càn làn）：形容天气很好，阳光非常耀眼，也指花儿盛开，人笑得很开心。如：

今天天气好，万里无云，阳光～。

小姑娘笑得很～，像一朵花儿。

4. 映衬（yìng chèn）：两个事物放在一起，一个事物使另一个事物的特点更突出。常用“在……的映衬下”。如：

我长得很黑，他长得很白。在他的～下，我显得更黑了。

面若桃花的女孩，在盛开的桃花的～下，脸色更加红润。

5. 物是人非：东西或环境还是原来的样子，没有改变，可是人已不是原来的人了。多表达对过去的事物或人的思念。如：

崔护去年、今年都是同一天去拜访同一个小院，房屋依旧，桃花开得依旧灿烂，但去年见过的女孩却不见了，他有着强烈的～的感觉。

他又回到了二十年前住的地方，看到房子没有变化，而主人却不同了，不免产生了～的感觉。

6. 惆怅（chóu chàng）：因失意或失望而伤感、迷茫。如：

没有考上学，他很～，不知道该怎么办。

整天在一起的朋友们都离开了，再也没人帮助自己了，我内心十分～。

【练习题】

一、解释画线词语的意思

1. 人面桃花相映红
2. 人面不知何处去
3. 桃花依旧笑春风

二、用所给的词语完成句子

1. 这些花________，我真不忍心摘它们。（灿烂）
2. 他________，因为看到自己的朋友生意越做越大，而自己却没做好。（惆怅）
3. 他________________，真是好看。（白里透红）
4. 这女孩一笑，_______________。（面若桃花）
5. ________________，他显得更胖了。（映衬）

三、问答题

1. 去年作者来到南庄时是什么季节？见到了谁？给他留下了什么印象？
2. 这次作者有没有见到那个面若桃花的女孩？他是什么心情？

闺意献张水部[①]

朱庆馀

【解题】

朱庆馀，唐代诗人，浙江绍兴人。本诗是朱庆馀参加进士考试前献给张籍的“通榜”。唐代盛行一种风气，就是文人在考进士前向名人献上自己的作品，希望他们能够赞扬并推荐给主持考试的礼部侍郎。张籍虽然地位不是很高，但是一个很热心、愿意推荐贤才的官员，所以朱庆馀就把自己的作品送给他。在送这首诗之前，朱庆馀已经送给张籍一些诗，而且都得到了称赞，但他仍然不放心，在临近考试前，又写了这首诗献给张籍。在这首诗中，他把自己比作新妇，把张籍比作新郎，把即将主持考试的考官比作公婆，以自己（新娘）打扮得时不时髦、即能否得到公婆喜欢来问新郎，征求张籍的意见。诗歌设计得十分巧妙。张籍读后大为赞赏，并给他回了一首诗，朱庆馀声名大震。

洞房昨夜停红烛[②]，待晓堂前拜舅姑[③]。

妆罢低声问夫婿[④]，画眉深浅入时无[⑤]？

【注释】

①张水部：指张籍，曾做官水部员外郎。这是一个负责国家水利的官职，职位不太高。

②停：放，摆放。停红烛：让红烛一晚上都点着。

③晓：天亮。舅姑：公公婆婆，新郎的爸爸妈妈。

④妆：化妆。罢：完。

⑤深浅：浓、淡。入时：时髦。无：不。

【译文】

昨晚洞房里点了一夜的红蜡烛，新媳妇我很早就起床，静静等着天亮时到堂前去拜见公公和婆婆。

我精心梳妆打扮，然后轻声问丈夫：我画的眉毛是浓啊还是淡啊，样式时髦不？

【赏析】

古代的婚俗是结婚后的第二天一大早，新妇要到堂前拜见公婆。这首诗就描写了新妇拜见公婆之前的心理：有些紧张、不安，害怕不能令公婆满意。

首句先交代昨夜是这对新人洞房花烛夜。“洞房”指新房，停即安置。“停红烛”就是说新房里一直燃烧着红蜡烛，一夜没灭，房间里充满了喜气。既然是昨夜新人进洞房，那今天早上就要去拜见公婆，所以次句“待晓堂前拜舅姑”就写这件事。实际上，拜见公婆对新媳妇来说是一件大事，是能否给公婆留下美好第一印象的大事，所以她格外重视。虽然昨天结婚很累，还有人闹洞房闹到很晚，两位新人睡得很晚，但新娘一大早就起了床，在烛光下认真精心地化妆打扮，一点也不敢马虎，希望能得到公婆的喜欢。可是打扮好了，天还没亮，所以她就在洞房里等着天亮，好去堂前行礼。这个“待”字就能看出她对这次拜见十分重视，不敢多睡，早早起床。

妆化好了，这位新妇还是有些不放心，还是觉得没有把握，只好问一问丈夫的意见，“妆罢低声问夫婿，画眉深浅入时无”。她有些害羞地低声问：我画的眉毛是深啊还是浅啊，这个打扮时髦不时髦？新妇说得很含蓄，其实问自己化妆怎么样，就是问新郎自己漂亮吗？能不能得到公婆的喜欢？“低声问”用得很准确，符合新娘的心理，把她害羞甚至撒娇的样子都写出来了，十分活泼可爱。

我们知道，作者写这首诗是有自己的现实目的的，就是通过写新媳妇的心理来问张籍：自己的文章是否得到主考官的喜爱，自己的考试是否有希望。作者描写人物的心理十分成功，把自己比喻成新妇，表达了既期待又不安的心理。对于当时的知识分子来说，应进士科举，就和女孩儿出嫁一样都是终身大事。如果考取了，就有非常美好的前途；考不上，则一辈子都没有希望了。这也正如一个女子嫁到人家，如果得到丈夫和公婆的喜爱，她在这个家庭的地位就稳定了，处境就顺利了，否则日子就很不好过。诗人的比喻很贴切，很含蓄，也很调皮幽默，所以它得到了张籍的赞赏，当然也得到了我们读者的喜爱。

【重点词语与诗句】

妆罢低声问夫婿，画眉深浅入时无：新妇精心梳妆打扮，然后轻声问丈夫：我画的眉毛是浓啊还是淡啊，样式时髦不？

【相关词语链接】

1. 一拜天地，二拜高堂，夫妻对拜，送入洞房：指古代结婚的仪式。在婚礼上，新郎和新娘第一拜是一起磕头拜天、拜地，感谢天地的保佑；第二拜是一起磕头拜父母，感谢他们的养育，表达对他们的感谢和孝敬；第三拜是新郎和新娘夫妻互相对拜，然后一起进入他们的新房。

2. 洞房花烛夜：它的下一句是“金榜题名时”，两者都表示人生幸福、得意、满足的时刻。“洞房花烛”表示结婚之时，对一个男人来说，那是幸福的时刻。“金榜题名”是考中进士、取得成功时，是事业很灿烂的时刻。如：

在古代，“~，金榜题名时”是很多青年学子最盼望的时刻。

3. 低声细语：形容说话声音很小，很轻，很温柔的样子。如：

他虽然是个男人，但很像一个女孩子，连说话都是~的。

小王以前说话声音很大，像吵架似的，不知道为什么，这两天像变了一个人，说话也~。

4. 拜堂：古代婚礼的仪式，新郎新娘在客厅里“一拜天地，二拜高堂，夫妻对拜”，举行完这些典礼，就表示他们已经是合法的夫妻，已经得到了大家的认可。如：

我们还在谈恋爱，离~还远着呢。

等你们~时，我一定去喝喜酒。

5. 浓妆艳抹：女子化着很浓的妆，打扮得十分艳丽。如：

平时她都是化淡妆，今天却~，看来她要参加很重要的活动。

你去参加葬礼，还~，恐怕不合适吧？

【练习题】

一、解释画线词语的意思

1. 洞房昨夜<u>停</u>红烛

2. 那个工作早就<u>停</u>了

3. 待晓堂前拜<u>舅姑</u>

4. 我给你们介绍一下，这是我<u>舅</u>，那是我<u>姑</u>

5. <u>画眉</u><u>深浅</u>入时无

6. 那只<u>画眉</u>叫得真好听

7. 我们也不清楚那条河水的<u>深浅</u>

二、用本课所学的诗句、词语等知识填空

1. 妆罢低声问夫婿，________________。

2. “______________，金榜题名时”是所有人的梦想。

3. 她__________地说话，看上去很温柔。

4. 我们是去工作，不是去约会，你不用__________。

三、问答题

1. 作者通过写新婚夫妇见公婆的事儿，想表达什么？

2. 本诗用了很多比喻。新妇、丈夫、舅姑分别指谁？

无　题[1]

李商隐

【解题】

李商隐，字义山，是中国晚唐时期最著名的诗人之一，与杜牧合称“小李杜”。李商隐一生在政治上不得志，在各地当幕僚，没有很高的官职。但他在诗歌上成就很高，尤其是爱情诗和无题诗更是写得缠绵悱恻，为人传诵。“相见时难别亦难”这首诗就是一首脍炙人口的佳作，表达了相恋的人们不能在一起的思念、悲伤、痛苦，也表达了自己至死不变的爱情决心。

相见时难别亦难[2]，东风无力百花残[3]。
春蚕到死丝方尽[4]，蜡炬成灰泪始干[5]。
晓镜但愁云鬓改[6]，夜吟应觉月光寒[7]。
蓬山此去无多路[8]，青鸟殷勤为探看[9]。

【注释】

①无题：唐代以来，有的诗人不愿意直接写出表示主题的题目，常用“无题”作题目。

②别：分别。亦：也。

③东风：春风。残：凋落。

④丝：蚕丝。“丝”与“思”音同，比喻思念。“丝方尽”比喻直到自己死亡，对对方的思念才会结束。

⑤蜡炬：蜡烛。成灰：烧完，变成灰。泪：指燃烧时的蜡烛油，比喻相思的眼泪。

⑥晓镜：早晨梳妆照镜子。但：只。云鬓（bìn）：女子多而美的头发，这里比喻青春年华。“云鬓改”指原来是满头黑发，现在已有了很多白发。

⑦夜吟（yín）：夜晚吟唱。觉：感觉到。

⑧本句用现代汉语的语序表达应是“此去蓬山无多路”。此去：这里离（蓬山）。蓬（péng）山：蓬莱山，传说是海上的仙山，比喻恋人住的地方。无多：不多，不远。

⑨青鸟：神话中为西王母传递信息的信使。殷勤（yīn qín）：情意深厚。探看：看望。

【译文】

能够相见就很不容易，分别时更是难舍难分，况且分别又是在晚春时节，百花凋落，更加使人伤感。

（我对你的爱，就像）春蚕吐丝，到死时丝才吐完；蜡烛燃烧变成灰时，像泪一样的蜡油才滴干。

心上人早晨梳妆照镜子，为头发变白而忧愁；她夜不能寐，在院子里低声吟唱，应该感觉到月光的寒冷。

我这儿离她的住处不远，希望有青鸟一样的使者热情地替我去看望她，传递我的情意。

【赏析】

美好的爱情无疑是人们最向往的，而恋爱的人们能够走在一起，结婚生子，白头偕老，那是多么幸福的事啊！然而很多爱情因为各种原因只开花、不结果，最终两人各奔东西，留下了太多遗憾与痛苦。诗人在本诗中正表达了这种悲伤的情感，写出了相爱而不能在一起的痛苦，表达了至死不变的爱情决心，具有感动人心的力量。

“相见时难别亦难，东风无力百花残”是首联，表达了恋人之间相见和分别同样都不容易的感伤。因为李商隐此时已经结婚，有了妻子，而他跟这位女子的爱情，是一份不能公开的感情，所以诗人和她好不容易才能见一次面。他们在一起，是多么幸福快乐。可时间过得飞快，就像被人偷走了一样，他们不得不又面临着分离，尽管难舍难分但也得分开。而这时正是暮春季节，春风无力地刮着，百花也失去了活力，纷纷凋落，当他们看到这些美好的事物都枯萎时，那种悲凉情绪更强烈了，他们的心像刀割一般疼痛。

“春蚕到死丝方尽，蜡炬成灰泪始干”是颔联。“我”跟她分开后，对她的爱却不会因距离而改变，所以诗人说：我对你的爱就像春蚕到死才不再吐丝，到死才结束；就像蜡烛燃烧，燃到最后变成了灰才不再流“泪”——蜡油。作者用了两个比喻——春蚕吐丝、蜡烛燃烧，表达他到死都永远爱着那位恋人，对爱情绝对忠诚。这是表达爱情的千古名句。

“晓镜但愁云鬓改，夜吟应觉月光寒”是颈联。因为作者深爱着恋人，所以他相信恋人也会同样爱他，念念不忘，以至于夜不能寐。于是下面就是作者的想象：早晨她起床后，对着镜子梳妆打扮，突然忧愁起来，原来她发现头发白了，那是因思念“我”而愁白了头发；而到了晚上，“她”又因思念“我”睡不着而在院子里低声吟唱，感觉到月光的寒冷。这一“晓”、一“夜”表示一整天，作者想象恋人一天到晚都思念他，同时又因两人不能在一起而痛苦——头发变白、夜晚失眠。诗句写得十分巧妙，他不是写自己如何思念对方，而是写对方如何思念自己。可以说，作者写她一天的情形就是写自己一天的样子，自己因受相思之苦而坐卧不安，写对方就是写自己。

那他们相距得远吗？不远。“蓬山此去无多路”，“蓬山”，本来是指传说中的海上仙山蓬莱，这里指恋人所住的地方。意思是“我”离她住的地方不远，但“我”不能去见她，只好让青鸟替“我”去看她，去传情达意——“青鸟殷勤为探看”。作者很想念她，但也只能请人去传信，不能去相见，即“相见时难”，与首句“相见时难别亦难”相照应，突出那种咫尺天涯的痛苦与折磨。

【重点词语与诗句】

1. 相见时难别亦难：能够得到相见的机会就很困难，而见面后再分别就更加难舍难分。

2. 春蚕到死丝方尽，蜡炬成灰泪始干：春蚕吐丝，到死时丝才吐完；蜡烛燃烧变成灰时，像泪一样的蜡油才滴干。常用来表达至死不渝的爱，如恋人之间的爱情，父母对子女的亲情等。

3. 蓬山此去无多路，青鸟殷勤为探看：我这儿离她的住处不远，希望有青鸟一样的使者殷勤地为我去看望她，去传递消息。

【相关词语链接】

1. 凋落（diāo luò）：草木的花儿或叶子脱落、凋零，也指人的衰颓或死亡。如：

到了暮春时节，很多花儿都～了。看到落了一地的花瓣，我心里还真是不好受。

他原来是那么阳光灿烂，谦虚好学，后来跟坏人在一起学坏了，哎！他像花儿一样～了。

2. 殷勤（yīn qín）：十分热情周到。

看到我们走过来，那个小商人～地问："你们看看，多好的东西，买一些吧。"

看到老板过来，那个工人～地递烟、倒水。

3. 难舍难分：形容感情很好，不愿分离。如：

分别的时候，他们久久抱在一起，～。

明天就要出国了，我们都～，伤心地哭了一个晚上。

4. 恋恋不舍：形容非常留恋，舍不得离开。如：

因为家里贫穷，父母要把他送给叔叔，他离开父母时，～，一步三回头。

这些外国人～地离开中国。

母亲让我去写作业，我～地放下手中的小兔子。

5. 梳妆打扮：梳头、化妆，打扮自己。如：

你一会儿就要去约会了，现在还不好好～一下？

女孩子要～，男孩子就不必了。

6. 只开花，不结果：本来指植物虽然开花了，但并没有结出果实来。比喻事业或爱情开始很顺利，甚至很辉煌，可是到最后都失败了，没有出现人们期待的那个结果。如：

我跟很多女孩子谈过恋爱，但每次都是～，每当快要结婚时，她们就跟我分手了。

我们决定一起开公司，大家热烈地讨论了公司名称、每个人的分工等等，但当说到每人拿多少钱时，都不说话了，也是～，白忙了半天。

7. 委托：自己不做，交给别人去办理。如：

这件事，我会～律师去办理的。

你直接去就行了，不需要～别人。

8. 软弱无力（ruǎn ruò wú lì）：形容身体衰弱，没有力气。也比喻不中用，做事不果断。如：

他好几天都没吃饭了，身上～，你还让他干活，真是太不人道了。

你遇到坏人不要～，要勇敢地跟他打斗。

【练习题】

一、注音、组词

残____ ________ 丝____ ________ 蜡____ ________

晓____ ________ 鬓____ ________ 吟____ ________

蓬____ ________ 殷____ ________ 探____ ________

二、用本课所学的诗句、词语等知识填空

1. “春蚕____________，________________”，现在常用来表达________________。

2. 我太累了，浑身________。

3. 他________地离开了父母，告别了家乡，到外地打工。

4. 我们大学四年，一想到快要毕业了，大家都有恋恋不舍、________的感觉。

5. 我出差十天，回家一看，我养的花儿都________了，因为没人给它浇水。

6. 我正在外地，不能马上回去，所以这件事只好________我弟弟去办理。

7. 他对我们爱理不理，可是一见到漂亮的女孩子，就________地去倒水。

8. 你们两个人谈恋爱，谈了这么长时间了，也该结婚了，不要跟上个女朋友一样________，我这个老爸现在就想你们“开花”、“结果”。

三、解释画线词语的意思

1. 相见时难<u>别</u>亦难

2. 东风无力百花残
3. 春蚕到死丝方尽
4. 蜡炬成灰泪始干
5. 晓镜但愁云鬓改
6. 夜吟应觉月光寒
7. 蓬山此去无多路
8. 青鸟殷勤为探看

四、问答题

1. “春蚕到死丝方尽，蜡炬成灰泪始干”，这两句诗除了赞美爱情的伟大，还可以赞美什么？

2. 作者跟“她”相见确实很“难”，但为什么说“别亦难”？

3. “她”为什么“云鬓改”？为什么“夜吟”而不回屋睡觉呢？

4. 既然作者跟心上人住的地方不远，为什么自己不去，而让青鸟去呢？

5. 这首诗表达了诗人怎样的思想感情？

登乐游原①

李商隐

【解题】

李商隐在唐文宗开成二年（837）考取进士，但不小心卷入政治帮派斗争中，于是做官不顺利，有才而得不到任用。本诗是他“意不适”——心情不好，而登上乐游原时所写。夕阳下，整个大地像披上了一件金黄的外衣，作者陶醉其中，但是很快情绪有些消沉，因为天马上就要黑了，这美好的景色就要消失了。“夕阳无限好，只是近黄昏”，表现了诗人因为年老而感到没有前途的悲观心理。这首诗通过写景来说理，具有很高的艺术成就。

向晚意不适②，
驱车登古原③。
夕阳无限好④，
只是近黄昏。

【注释】

①乐游原：在长安（今陕西省西安市）城南，地势较高。登上乐游原，可以看到首都长安的景色。

②向：快到。向晚：将近傍晚。意不适：心情不舒畅。

③古原：即乐游原。

④无限：十分。

【译文】

临近傍晚，觉得心情不太舒畅，

于是驾车登上乐游原。

看见夕阳十分美好，金光灿灿，大地像披上了一件金黄色的外衣，

只是这时将近黄昏，美丽的景色就要看不到了。

【赏析】

人有忧愁，心情不好，憋在心中是很难受的，最常见的排遣方式，或者是找人聊天，或者是自己吼唱出来，或者是出去散心等，而李商隐采用的办法是“驱车登古原”——驾车到乐游原这个地方，登高望远。

本篇开门见山地写出了登乐游原的原因：心情不佳，在一个临近傍晚的黄昏时分，诗人驾车来到乐游原，以排遣自己心中的烦恼和忧愁。

他站在乐游原这一高处向远处看，只见夕阳下大地像被铺上了一块无边无际的金黄色地毯，夕阳也给绿草、白花、高树、远山、湖水穿上了一件件金黄色的衣服，真是漂亮极了。诗人瞪大了眼睛，张开双臂，激动万分，他完全陶醉其中：夕阳真是太美好了，也太神奇了，它使大地变得灿烂辉煌。当他还沉浸在壮观景色之中时，突然天色暗下来，刚才还十分明亮的一切现在都有些模糊不清了。他的神情立即沮丧起来，他坐下来，有些失望地说：“夕阳无限好，只是近黄昏。”这么美好的夕阳很快就不见了，只因为时间接近黄昏啊。“黄昏”除了是一个时间概念，还具有比喻意义，指老年，比喻政治上没有前途。作者的伤感，表面上是因为一天即将结束，那无比灿烂的景色将要消失不见了，其实它象征了自己仕途没有希望，没有前途，这是李商隐在政治上得不到重用的心理反映。

这短短的四句诗，写出了作者心情的强烈变化：先是“意不适”，所以登乐游原

而见到无限好的夕阳，心情大好；而又因“近黄昏”，使作者心情转为忧伤、低落，甚至是失望乃至绝望，而这一些都与作者的处境遭遇有很大关系。

【重点词语与诗句】

夕阳无限好，只是近黄昏：夕阳的景色十分美好，一片金光灿灿，大地像披上了一件金黄色的外衣；只是将近黄昏，美丽的景色将要看不到了。这两句常用来表达年老而很难再有作为。

【相关词语链接】

1. 排遣（pái qiǎn）：排除，消除。多指消除寂寞和烦恼等不好的情绪。如：

心情不好，我们去唱卡拉 OK～一下。

压力太大了，我们出去～一下心里的紧张与烦恼吧，不然我会疯掉的。

2. 身体不适：身体不舒服，如生病等。如：

我本来要去帮你搬家，但今天～，感冒发烧，就不去了。

他～，只好委托我帮他办理。

3. 金灿灿/金光灿灿：发出金色的光，很耀眼。如：

看到那～的冠军奖杯，我真想把它抱回家。

他的戒指在阳光下～。

4. 灿烂辉煌（càn làn huī huáng）：形容光彩四射，鲜明耀眼。也比喻成就突出，引人注目。灿烂：鲜明耀眼。如：

祝我们国家在新的一年里更加～。

故宫代表了中国～的文化，它是中华民族悠久历史文化的象征。

【练习题】

一、用本课所学的诗句、词语等知识填空

1. “向晚意不适”的“向”指________。

2. “驱车登古原”的“驱车”指________。“驱车”这个词古今意义没有变化，现在也用“驱车”这个词语，如我们____________，去山上看桃花。

3. 我今年快 70 岁了，虽然画的画儿还不错，但老了，所以我很羡慕年轻人，可以不断进步，而我，用古诗形容，就是“________，________”。

4. 祝你们都有________的明天。

5. 别把那些糟糕的事憋在心里，我们出去________一下吧。

6. 他没来上班，是因为__________，去看病了。

7. 那个________的东西是什么，它发出金黄色的光，像是佛像。

二、思考题

1. 作者为什么驾车登上乐游原呢？

2. 到了乐游原这个高地，作者看到了什么？

3. 作者最后有什么感慨？

4. 你同意作者的看法吗？他的认识跟曹操的“老骥伏枥，志在千里；烈士暮年，壮心不已”的思想是否一样？

蜂

罗　隐

【解题】

罗隐（833—909），唐末诗人，屡次考试，屡次不中，所以对做官充满了失望，心中不免产生了消极与怨恨的情绪。他在《自遣》诗中写的“今朝（zhāo）有酒今朝（zhāo）醉，明日愁来明日忧”，意思是如果今天有酒就要在今天尽情地喝，喝醉为止，不管明天生活会怎么样；明天有烦心事，就明天忧愁，表现及时行乐，痛快享受，得过且过的思想。

《蜂》是一首批判社会的诗歌。这首诗写了蜜蜂辛辛苦苦地采花、酿成蜂蜜，最后劳动成果却被别人所占有，表达了对不劳而获者的批判。

不论平地与山尖①，
无限风光尽被占②。
采得百花成蜜后，
为谁辛苦为谁甜③？

【注释】

①山尖：山峰。

②无限：非常多，非常美丽。尽：都。占：占有。这句话指蜜蜂到处采集百花，酿蜜。

③甜：香甜的蜂蜜。

【译文】

无论是平地还是山峰，很多美好的风景，都被蜜蜂“占有”过。

它们采尽百花酿成蜂蜜以后，被人享用。这到底是在为谁辛苦忙碌，又是为谁酿造蜂蜜呢？

【赏析】

这是一首咏物诗，通过蜜蜂赞美了辛勤劳动的老百姓或下层人民，更主要的是批判了不劳而获的剥削者或统治者，表达了自己强烈的痛恨和不满。

诗歌一开始就赞美蜜蜂的勤劳，“不论平地与山尖，无限风光尽被占”，意思是无论是平原田野还是高山峻岭，凡是鲜花盛开的地方，都见到了蜜蜂的身影。这里，大家可能会产生误解，认为蜜蜂是在欣赏风景，或是在抢夺、占有地方，其实它是在忙忙碌碌地工作，在采蜜。“无限风光尽被占”写得幽默、调皮，说明了蜜蜂不管晴天阴天，不分高山平地都在辛勤工作。总之，前两句是说蜜蜂工作很辛苦，不容易。

一般来说，谁劳动，谁享受，劳动者在一定程度上可以决定如何享用自己的成果，但后两句告诉人们，蜜蜂辛苦工作后却没有得到自己的果实，它的劳动果实被人夺走了，于是诗人很愤怒地问：“采得百花成蜜后，为谁辛苦为谁甜？”意思是蜜蜂你采花成蜜，到底是为谁辛苦忙碌，又是为谁酿造这香甜的蜂蜜呢？是啊，蜜蜂劳而不获，而有人却占有、抢去了它的所有劳动成果。蜜蜂的劳动成果“尽被占”，因此诗人感到十分不公平，他要讽刺这些剥削人的统治者。

【重点词语与诗句】

采得百花成蜜后，为谁辛苦为谁甜：蜜蜂采尽百花酿成蜂蜜，到头来它又是为谁辛苦忙碌，又是为谁酿造蜂蜜呢？

【相关词语链接】

1. 得过且过：没有计划，过一天算一天，只要今天能生活，就不管将来怎么样。

形容没有理想，糊涂地生活。如：

他就是“今朝（zhāo）有酒今朝（zhāo）醉”的一个人，~地生活了几十年。

你不能再~了，一定要勤奋工作，改掉懒惰的毛病。

2. 忙忙碌碌（lù）：形容很忙的样子。如：

我整天~的，根本没时间锻炼身体。

为了全家的生活，他~，从早干到晚。

3. 酿（niàng）：蜜蜂制作蜂蜜，如~蜜。也指利用粮食，经过发酵制造酒、醋、酱油等，如：~酒、~酱油。

4. 劳而不获：白白劳动，没有收获。如：

我每天忙忙碌碌，很辛苦，但最后却什么也没得到，这种~的日子，我真是过够了。

5. 不劳而获：不劳动，却有收获。如：

那些人整天坐在办公室里喝茶、看报纸，但每月却拿很多钱，这些~的人令人厌恶。

你快出去工作吧，别学那些~的人。

【练习题】

一、注音、组词

密____ ________ 尖____ ________ 限____ ________

蜜____ ________ 占____ ________ 甜____ ________

二、用本课所学的诗句、词语等知识填空

1. 李商隐《登乐游原》“夕阳无限好”的“无限”指________，本诗“无限风光尽被占”的“无限”指________。

2. 这是我们自己用粮食________的酒，没有添加剂，你可以品尝。

3. 我每天早上七点钟就起床，________一整天，到晚上十二点钟才休息。

4. 他在工作上__________，从不认真，是一个没有责任心的人。

5. 这个人得过且过，不愿付出劳动，只想________。

三、思考题

1. 本诗赞美了蜜蜂的什么品质？批判了社会上的哪些人？

2. 对于劳而不获和不劳而获这两种人，你有什么看法？

虞美人[①]

李　煜

【解题】

李煜，五代十国时南唐的皇帝，公元961年即位，史称“李后主”。975年，宋赵匡胤率军攻打南唐的首都金陵（今南京），李煜投降，成为俘虏，被押到北宋的首都汴京（今开封），从此失去了自由，后因这首《虞美人》而被宋太宗毒死。李煜在政治上虽然是失败的，但在文学创作上的成就是辉煌的，为我们留下了很多脍炙人口的词篇，被称为“千古词帝”。

《虞美人》是李煜写的最后一首词。当时李煜被宋朝皇帝囚禁在京城汴梁的一个小楼里，在一个月明之夜，他想象着自己国家以前的情景，不由得生出了懊悔、悲愁之情，“问君能有几多愁？恰似一江春水向东流”成为千古名句。

春花秋月何时了[②]，往事知多少[③]！
小楼昨夜又东风[④]，故国不堪回首月明中[⑤]。
雕栏玉砌应犹在[⑥]，只是朱颜改[⑦]。
问君能有几多愁[⑧]？恰似一江春水向东流[⑨]。

【注释】

①虞（yú）美人：词牌名。

②春花秋月：春天开的花儿，秋天升起的明月，形容最美好的时光与景物。了（liǎo）：结束。

③往事：指过去做皇帝时寻欢作乐的生活。知：记得。

④小楼：指李煜投降宋朝后，住在汴京的小楼上。又东风：又刮起了东风。

⑤这句话用现代汉语的语序来表达是“月明中不堪回首故国”，指在月明之夜，不忍心回头向故国的方向看。故国：旧国，指已灭亡的南唐（首都是今南京）。不堪：不能忍受。回首：回头看。

⑥雕（diāo）栏玉砌（qì）：雕花的栏杆和白玉做的台阶，指帝王的豪华宫殿。应犹在：应该还在。

⑦朱颜改：脸色变得苍白、憔悴，指自己的样子改变了。

⑧问君：问你，这是作者的自问自答。几多：多少。

⑨恰似：好像。春水：春天的江水。

【译文】

春花秋月这些美好事物，什么时候才能结束？以前的种种往事还记得多少！小楼昨夜又刮来了东风，在月明之夜自己不忍回头向故国的方向看。

精雕细刻的栏杆、玉石砌成的台阶应该还在，只是人的容貌已经变老。问你心中有多少愁？正像一江春水向东流。

【赏析】

李煜以前是高高在上的皇帝，过着花天酒地的生活，而现在却过得像犯人一样，失去了人身自由，亡国的耻辱又时时折磨他，所以他一生的最后作品——《虞美人》就表达了自己无限的“愁”与“悔”。也正因为这首词有明显的思想情感，宋太宗得知李煜让人在七夕演奏这首词时，十分生气，给他毒酒，将他毒死。下面我们就来赏析这首带着哀怨与悲恨的作品吧。

“春花秋月何时了，往事知多少”，春天盛开的鲜花，秋天晚上的明月，原本都是一年中最美好的景色，最令人陶醉、享受的时光，也是他以前的作品最喜欢赞美歌颂的事物，但是现在这些美好景物，只会让失去国家的他觉得很羞耻。他觉得“春花秋月”都是来嘲笑自己的，所以充满怨恨地责问：“春花秋月”你们什么时候才能结束？“何时了”，指什么时候结束。而每当回忆往事都会使他心碎，他不愿回忆，“往事知多少”，以前自己的生活还记得多少？前两句，说明了李煜不愿意回忆过去的生活，又不能不回忆，他被往事折磨得生不如死，十分痛苦。

“小楼昨夜又东风，故国不堪回首月明中”，意思是自己住的小楼昨夜又刮来了东风，在月明中不忍心回头看故国。李煜晚上因为睡不着，走到院中，抬头看见明月，就像见到了亲人，他是多么想家啊。他想趁着明亮的月光回头远望故国，但又觉得没有脸面，所以不忍心回头看故国所在的东南方向。“不堪回首”表达了李煜的后悔之情，看来他很后悔以前沉溺在花天酒地之中，没有好好治理国家，以至于被北宋消灭，自己成为阶下囚。

尽管“故国不堪回首”，但他又不能不回忆自己的故国：“雕栏玉砌应犹在，只是朱颜改”，一切都物是人非。故国金陵的宫殿十分华丽，那雕刻着花纹的栏杆，玉做的台阶都应该还在，只是旧主人——“我”容貌已改变，苍老了很多，而且已不是那儿的主人，所以改变的还有宫殿的主人。李煜用饱含血泪感情的笔写了这两句，让人无限感慨。

最后，作者将一肚子的悲愁、悔恨直接宣泄出来，“问君能有几多愁？恰似一江春水向东流”。诗人采用自问自答的方式，先问自己“你有多少愁”，然后自己回答：“我”的愁就像一江滚滚东流的春水那么多。“愁”本来是抽象的，是看不见摸不着的，是很难向别人表达出有多少愁的，但作者用长江的水作比喻——一江春水向东流，十分形象，不仅表现了愁恨的悠长深远，而且表现了愁恨的汹涌翻腾，具有很强的艺术感染力，这就不奇怪为什么宋太宗听后要毒死他了。可以说，政治上失败的皇帝李煜在文学上取得了成功，他的这一不朽之作也流传千古。

【重点词语与句子】

1. 问君能有几多愁？恰似一江春水向东流：问你心中有多少愁？正像一江春水向东流。

2. 春花秋月：春天盛开的花儿，秋天升起的明月。形容美好的事物。

3. 雕栏玉砌：雕花的栏杆，白玉做的台阶，指宫殿的华美、富丽。

故宫的宫殿～，处处都很精美。

那些～的宫殿已有五百多年的历史了，到现在还保护得十分完好。

4. 不堪回首：指不忍心回头看故国。现在多指不忍心回忆（过去那段痛苦的经历）。如：

小时候那段痛苦经历，他觉得～。

她有一段～的经历，就是年少时误入歧途，浪费了大把青春。

【相关词语链接】

1. 风花雪月：比喻文章只知道描写风、花、雪、月等自然景物，没有关注现实生活，没有现实内容。也形容爱情，或花天酒地的荒淫生活。如：

你的文章只写～，没有实际内容。

你这个老板只知道自己的～，不关心工人们生活得多么艰苦。

我都这么大年纪了，早过了～的年龄。

2. 花天酒地：指一个男人好酒好色，天天就生活在酒里、女人身边。如：

你天天～，从来不好好过日子，是不行的。

李煜当皇帝时，不理国家的事情，过着～的生活。

3. 没完没了：没有结束，不停。如：

一说起话来，你就～。

他已经承认了错误，你就别～地批评了。

4. 精雕细刻：精心细致地雕刻。形容创作艺术品时细心、认真，也比喻认真细致地工作。如：

你要的这个木雕，我会～的，保证你满意。

写文章不能马虎，不能随便，每一个句子、每一段话都应该～。

5. 憔悴（qiáo cuì）：形容人脸色不好看、疲惫，精神不好。如：

她失恋了，脸上很明显有些～。

孩子在国外，她牵肠挂肚，所以看上去很～。

6. 阶下囚（qiú）：与“座上宾”相对，指囚犯，被抓进了监狱。“座上宾”指受人尊敬的客人。如：

昨天他还是市长的座上宾，可是今天却成了～。

昨天他还是英雄，现在却成了～。

7. 不朽（xiǔ）之作：永不消失的作品，形容伟大的作品。如：

李煜的这首词就是～。

每个作家都想创造出~，留给后人。

【练习题】

一、注音、组词

堪____ ________ 雕____ ________ 栏____ ________

砌____ ________ 恰____ ________ 犹____ ________

二、用本课所学的诗句、词语等知识填空

1. ____________________？往事知多少！

2. ____________应犹在，只是____________。

3. 问君能有几多愁？__________________________。

4. “何时了”的“了”指________。“故国”指________。

5. 我现在最关心的是让每个人吃饱穿暖，所以不想听你讲自己以前的________。

6. 李白、杜甫都创作了不少__________，受到后人的喜爱。

7. 我们这次的作品一定要认真完成，________，不能随便应付。

8. 以前的________，现在却成了座上客，这个变化太大了。

9. 昨天我们去参观，见到很多古建筑________，很漂亮，它们历经几百年，仍十分完好。

三、用所给的词语完成句子

1. 讲话时，你要说得简单明白一些，______________。（没完没了）

2. 那事________________，我一想起来就想哭。（不堪回首）

3. 你__________________，好像几天没睡觉的样子。（憔悴）

4. 年轻时______________________，但现在他过着实实在在的普通生活。（花天酒地）

四、问答题

1. “春花秋月”形容十分美好的事物，但作者为什么说“春花秋月何时了”，盼着它快点结束呢？

2. 为什么作者不愿回头看故国呢？

3. “雕栏玉砌应犹在，只是朱颜改”，表达了一种什么样的思想？

4. 作者的忧愁与后悔多不多？他是如何比喻的？

第五章　宋代诗词

题西林壁①

苏　轼

【解题】

苏轼（1037—1101），字子瞻，号东坡居士，所以人们又常叫他“苏东坡”。他于宋仁宗嘉祐（yòu）二年（1057）考中进士，在政治上属于司马光的旧党一派，对王安石的新党所推行的一些变法不太赞成，所以在新党执政时，他多次被贬到外地。而在旧党执政时，他又因批评旧党的保守而被贬。苏轼在政治上一直不得意，先后被贬到黄州、杭州、惠州、海南等地。因他性格开朗，所以才能平静地看待一切遭遇，乐观地生活。元符三年（1100），他从海南回到北方，最后于常州去世。

苏轼学识渊博、多才多艺，是北宋著名的文学家（诗人、散文家、词人）、书法家、画家，为欧阳修之后的文坛领袖，其作品风格豪放、洒脱。苏轼为唐宋散文八大家之一，其父苏洵、弟弟苏辙也都是有名的散文家，世称“三苏”。

本诗是苏轼观赏庐山后所作。他认为人们从不同的角度观赏庐山都会看到不同的庐山，从而得出“不识庐山真面目，只缘身在此山中”的哲学道理。

横看成岭侧成峰②，远近高低各不同③。
不识庐山真面目④，只缘身在此山中⑤。

【注释】

①题西林壁：写在西林寺的墙壁上。题：书。西林：庐山的西林寺。

②横看：从正面看。庐山是南北走向，“横看”就是从东面、西面看。侧：从侧面看，即从北面、南面看。

③各不同：各不相同。

④识：看清楚。真面目：指庐山真正的面貌。

⑤缘：因为，由于。此山：庐山。

【译文】

从正面看庐山，看到一座座山岭；从侧面看庐山，看到一座座山峰。从远处、近处、高处、低处看庐山，庐山都呈现出各种不同的样子。

我们认不清庐山本来的面目，只是因为我们自己身在庐山中。

【赏析】

庐山是中国著名的风景名胜区，以雄伟、秀丽、奇异、险峻闻名，自古以来就有很多文人写诗赞美它，其中李白的《望庐山瀑布》和苏轼的《题西林壁》都是优秀的作品。不过这两首诗的写法不一样，李白主要写庐山的一处景色——香炉峰瀑布，“日照香炉生紫烟，遥看瀑布挂前川。飞流直下三千尺，疑是银河落九天”，通过描绘香炉峰的山高，瀑布高，水大，来表现庐山的雄伟壮观。而苏轼写庐山则不是写某一个景点，也没有描写具体景物，而是从整体上观赏庐山，然后从人们欣赏事物的角度出发，揭示了深刻的哲理：身在其中，就会看不完整。所以苏轼的这首绝句与李白的诗歌在表现手法上有很大不同，它不重刻画形象、细致描绘、感情表达，而是更重表达思想，发议论，从对具体事物的概括中得出哲理。

作者先写对庐山的整体印象：“横看成岭侧成峰，远近高低各不同”，意思是从正面看庐山，它是一道道长长的山岭；从侧面看庐山，它是一座座高高的山峰。从远处看，从近处看，从高处向下看，从低处向上看，我们所看到的庐山都不一样。因为庐山面积 282 平方公里，山势是东北—西南走向，长约 25 公里，宽约 15 公里，这么大的庐山，我们是很难看到它的全部风景的，人们或者见到山峰，或者看到山岭，或远或近或高或低，所以“各不同”。

“不识庐山真面目，只缘身在此山中”，意思是我们都只看到了庐山的一部分，不能把握庐山的真实面貌，只因为人身在庐山中，眼界受到局限，而不能从整体上观察庐山。这就是“当局者迷，旁观者清”的道理。换句话说，对一切事物，因观察的角度不同，人们得出的观点也就会不一样。如果这件事情跟我们有利害关系，那么我们就有了好恶之情，得出的观点可能就不客观，也就“不识庐山真面目”了。如果是与这事无关的人，就能客观冷静地分析、对待，那么他们得出的观点就可能是正确的。

所以“不识庐山真面目，只缘身在此山中”这两句所包含的道理具有普遍而深刻的意义，不仅仅看“庐山真面目”如此，看任何山、任何风景甚至任何事物也是这样。

这首诗的成功之处在于，作者通过写庐山来表达普遍的道理，给人以深刻的思想启迪，从而具有深远的意义与影响。

【重点词语与诗句】

1. 远近高低各不同：从远处、近处、高处、低处看庐山，都能看到不一样的庐山。

2. 不识庐山真面目，只缘身在此山中：我们认不清庐山本来的面目，是因为自己身在庐山里。表示人身在其中，就不能客观、全面、准确地看待事物，也就是“旁观者清，当局者迷”的道理。

3. 庐山真面目：真正的样子，真实的情况。如：

她拿下脸上的围巾，我们才看清楚了她的～。

这个公司靠走私发展起来，开始谁都不知道，后来因为出事了，这才暴露出它的～。

【相关词语链接】

1. 贬（biǎn）：指职务降低，并且到外地任职。如：

苏轼因为批评改革派，而被～到黄州、惠州等地。

2. 豁达（huò dá）：性格开朗，心胸开阔。如：

虽然失业了，还得了重病，但他很～，每天笑嘻嘻的，还安慰别人不用担心自己。

他的性格很～，什么事情都想得开，不会因为丢了几十万而去跳楼。

3. 参与：参加这件事。如：

这次比赛我们班没有获奖，大家都很沮丧，老师安慰我们说：“重在～，不要太在乎成绩。”

昨天发生的打人那件事，小李因为回家了，确实没～，小王倒是～了。

4. 当事人：参与这件事情的人。如：

是我打的你，我是～，你不要找我的父母，他们跟这件事毫无关系。

参与那件事情的～很多都去世了，没办法了解事情的真相了。

5. 利害关系：一件事情跟人产生了有利或者有害的关系。如：

这是他们的事，当然跟我没有任何～。

他们建的高楼，把我们的光线挡住了，影响了我们的生活，你怎么说跟我们没有～呢？

6. 当局者迷，旁观者清：比喻一件事情的当事人往往因为考虑利害关系，认识不全面；相反跟这件事无关的人却能看得清楚。如：

那个女人每次一说完“我爱你”，就向他借钱，这已经是第五次借钱了，我们都告诉他，那个女的是一个骗子，但他总是不相信，没办法，～。

每次在学校门口见到男朋友，他都会说是在等我，我觉得很幸福。后来别人告诉我说：“你男朋友等的不是你，是王丽。”我不相信，以为他们是跟我开玩笑，后来男朋友跟王丽出国了，我才明白同学们说的是真的，真是～。

7. 感悟：为一句话、一件事情或一段经历而让人产生感想，使人明白了道理。如：

从做生意失败这件事上，我～到很多，比如：做事真的需要细心，需要坚持，还得需要一个好的伙伴。

当我看到卢梭的这句名言“当一个人一心一意做好事情的时候，他最终是会成功的”，我～到：只要我们做事认真努力，就一定能成功。

8. 身在其中：自己参与了这件事情，也指自己是一个家庭、一个单位的一员。如：

我们公司常常给生活困难的人捐款，我～，也感觉很自豪。

我们公司确实有很多问题，但你问我最主要的问题是什么，我～还真看不清楚。

9. 日照香炉生紫烟，遥看瀑布挂前川。飞流直下三千尺，疑是银河落九天：这是李白《望庐山瀑布》的诗句。意思是太阳照在香炉峰上，生起紫色烟霞，远远望去瀑布像挂在香炉峰前。倾泻而下的瀑布好像有三千尺，让人以为是从天河上流下来的。

【练习题】

一、注音、组词

横____ ________ 岭____ ________ 侧____ ________

峰____ ________ 识____ ________ 缘____ ________

二、用本课所学的诗句、词语等知识填空

1. 横看________侧_____________，_____________各不同。_______________，_______________。

2. 日照香炉________，遥看瀑布________。飞流直下________，疑是银河________。

3. 这件事跟你没有任何________，所以你要客观一些。

4. 很多事情都是这样，________，身在其中的人看不清楚，别人无论怎么劝告，他都听不进去。

5. 这家公司做广告时说自己是电冰箱生产公司，其实那是虚假信息，旧电器收购公司才是它的________。

6. 这个工作我一个人是完成不了的，你能不能________进来？我们一起干。

7. 你别问我那件事，你问我我也不知道，因为我不是________。

8. 他性格很________，什么样的困难他都微笑面对。

三、问答题

1. 本诗主要是借写庐山来表达哲理，作者表达了什么道理？

2. 请举生活中的一些事例，来说明“不识庐山真面目，只缘身在此山中”的道理。

饮湖上初晴后雨

苏　轼

【解题】

这是一首赞美西湖美景的诗，写于诗人在杭州做官期间。诗人分别抓住了西湖晴天“水光潋滟”和雨天“山色空蒙”的典型景色，表现了西湖的晴天好、雨天奇的特点，进而表达了这样一个哲理：“淡妆浓抹总相宜”，西湖无论什么天都很漂亮，就像西施无论怎么化妆都很适宜。

水光潋滟晴方好①，
山色空蒙雨亦奇②。
欲把西湖比西子③，
淡妆浓抹总相宜④。

【注释】

①潋滟（liàn yàn）：水面波光闪动的样子，形容阳光照射下的西湖水面闪闪发光。方好：才显得美。

②空蒙：细雨下的西湖朦朦胧胧的样子。亦奇：也显得奇妙。

③比：比作。西子：西施，春秋时代越国有名的美女。

④淡妆浓抹：无论化的是淡妆还是浓妆。总相宜：总是那么适宜。

【译文】

在阳光的照射下，西湖水波荡漾，金光闪闪，晴天景色秀丽；
在细雨绵绵的天气里，西湖周围的山色朦胧，若隐若现，景色更加奇特。
想把西湖比作美女西施，
无论淡妆还是浓妆，她总是那么适宜，那么美丽。

【赏析】

西湖是美丽的，这是大家都知道的，但是越是熟悉的，越是不好写。怎么写呢？写西湖的水、荷叶、柳树、小桥、三潭印月……这些具体的景物，你无论怎样写，选择哪一样写，写的也只是西湖的一部分，而不是西湖全貌，更何况西湖“远近高低各不同”？因此，细致描绘的写法只会给人琐碎的印象，很难表现出西湖的整体美。苏轼的聪明之处是抓住西湖的典型特征，晴天给人印象最深的是整个湖面上“水光潋滟”，而雨天使人难忘的则是周围小山“空蒙”，更令人叫绝的是作者不满足于写景，还通过写景来表达哲理，“欲把西湖比西子，淡妆浓抹总相宜”。

在一个晴朗的天气里，苏轼和朋友在西湖边饮酒，他们边喝边聊，兴致很高，后来天竟下起雨来，西湖上晴天和雨天两种不同的风光都让诗人欣赏到了，于是他写道：“水光潋滟晴方好，山色空蒙雨亦奇。”天晴之时，西湖绿水荡漾，波光闪闪，风景很美；下雨时，周围的青山，朦朦胧胧，像披上了一层白纱，景色很奇妙。真是晴天有晴天的美丽，雨天有雨天的可爱。“潋滟”，波光闪动；“空蒙”，烟雨迷茫。两个词语十分准确，前者写了湖水风光，后者写了周围小山景色，抓住了西湖晴天、雨天的特征，作者最后以“好”、“奇”两字概括，起到了画龙点睛的作用。

那么西湖到底有多美呢？作者用了一个比喻，“欲把西湖比西子，淡妆浓抹总相宜”。“西子”即西施，春秋时越国有名的美女。她无论是淡妆还是浓妆，都一样美丽动人。诗人把西湖比作西施，读者在欣赏这句诗时，就可以加入自己的想象，你心中的西施有多美丽，西湖就有多美丽。诗人以此比喻：不管是晴天还是雨天，西湖都同样漂亮，让人心动。其实，这两句还表达了一个深刻的哲学道理：即真正有才能、有本事的人，无论用什么方式或方法做事，总是做得很适宜。

【重点词语与诗句】

1. 水光潋滟：在阳光的照射下，水面上波光闪动的样子。

2. 山色空蒙：山上的景物朦朦胧胧的样子。

3. 欲把西湖比西子，淡妆浓抹总相宜：如果要把西湖比作美女西施，那么无论淡妆还是浓妆，总是那么适宜，那么美丽。这句话具有深刻的哲理：只要人真正有才能、有本事，无论他用什么方式或方法做事，总是做得很适宜。

【相关词语链接】

1. 美丽动人：美丽得让人心动，表示很美丽。如：

这~的西湖，让我很想永远住在这儿。

这个女孩长得~，工作也很出色。

2. 令人叫绝：让人不停地说“好”，形容十分精彩。如：

他的设计太优秀了，~。

这是一流的音乐家，他的演奏~。

3. 画龙点睛：比喻写文章或讲话时，在关键处用很少的话说清楚最重要的内容，使文章生动有力。如：

他的话虽然简短，但是抓住了问题的关键，起到了~的作用。

苏轼《饮湖上初晴后雨》的“晴方好”和“雨亦奇”就具有~的效果。

4. 荡漾（dàng yàng）：水波微动。也指物体在水中起伏波动。如：

微风吹在水面上，水波~。

我们的小船~在水中，大家说说笑笑，开心极了。

5. 概括（gài kuò）：与“具体”相对，指抓住事物的特点，用最简洁的语言表达出来。如：

大家说了很多，我~一下，主要说了两点：第一，多关心职工的生活；第二，公司要抓大事，明确今后几年要努力的方向。

苏轼写庐山的风景，没有具体写某一个景点，而是从整体上~了庐山的特点：山很大，很雄伟，“远近高低各不同”。

6. 琐碎（suǒ suì）：很小的，不值得一提的事，细小零碎。如：

关于买什么礼物，这些都是~小事，今天我们没时间讨论，我们要讨论的是公司今后该怎么发展的大事。

这次作文要求同学们写最令你感动的一件事情，可是你交的作文却写了很多件事儿，如妈妈给你穿衣服、送饭、拿书包等，写得比较~，没有写出重点来。

【练习题】

一、注音、组词

饮____ ________ 湖____ ________ 潋____ ________

蒙____ ________ 妆____ ________ 抹____ ________

二、用本课所学的诗句、词语等知识填空

1. ________晴方好，________雨亦奇。欲把西湖________，______________。

2. 你的文章写了很多，但有些杂乱，回去后再好好地________一下，把主要内容写清楚就可以了。

3. 他的美术作品________，太美妙了，我们简直不敢相信这是初中生画出来的。

4. 我们要抓一些大事，不要只抓________小事。

5. 校长最后说的话虽然不多，但却起到了________的作用。

6. 春天的北秀湖，游人众多，湖面上________着各种各样的小船。

三、问答题

1. 诗人写西湖的晴天是什么样子的？雨天呢？

2. 这首诗的最后两句是什么意思？诗人表达了什么哲学道理？

3. 你印象最深的湖是什么湖？请你描述一下它的美丽。

水调歌头

苏　轼

【解题】

宋神宗熙宁九年（1076），苏轼因与王安石的政治见解不同，被贬密州。中秋节这一天，天上是皎洁明亮的圆月，而他和七年没见面的弟弟苏辙却不能团圆，所以诗人心情很复杂，饮酒以至于大醉，作了这首词。

苏轼因为政治上不得意，理想不能实现，才能得不到施展，产生了"乘风归去"、远离人间的消极思想。但他又不喜欢天上的寒冷与孤独，认为天上不如人间，并自我安慰："不应有恨……人有悲欢离合，月有阴晴圆缺，此事古难全"，总之，苏轼词中所表现出热爱生活与积极开朗的乐观精神以及豁达的人生态度，使这首词达到了很高的思想和艺术境界。

明月几时有，把酒问青天[1]。

不知天上宫阙[2]，今夕是何年[3]？

我欲乘风归去[4]，又恐琼楼玉宇[5]，高处不胜寒[6]。

起舞弄清影[7]，何似在人间[8]！

转朱阁[9]，低绮户[10]，照无眠[11]。

不应有恨，何事长向别时圆[12]？

人有悲欢离合，月有阴晴圆缺，此事古难全[13]。

但愿人长久，千里共婵娟[14]。

【注释】

①把酒：端起酒杯。

②宫阙（què）：宫殿。

③今夕是何年：（在天上）今天晚上是哪年哪月哪日。古人认为天上神仙的年月与人间是不相同的，天上一日，人间有的认为是一年，有的认为是百年，有的认为是千年。

④乘风归去：驾着风，回到天上去。作者在这里浪漫地认为自己是下凡的神仙，

要乘风回到月亮上。

⑤琼（qióng）楼玉宇（yǔ）：美玉做成的楼，这是作者想象中的仙宫。

⑥不胜：经受不住。这句是说自己害怕住在玉做的仙宫里，因为它在高处（天上），担心受不了它的寒冷。

⑦弄清影：月光下，自己的影子也跟着自己做出各种舞姿。

⑧何似：不如。

⑨朱阁（gé）：红色的阁楼。

⑩绮（qǐ）户：刻有花纹的门窗。

⑪照无眠（mián）：照着没有睡意的人。

⑫何事：为什么。长：总是。向：在。长向别时圆：总是在分别的时候月圆。

⑬古难全：自古以来就难以十全十美。

⑭婵娟（chán juān）：美丽的月光，指月亮。

【译文】

明月是什么时候产生的？（我）端着酒杯问青天。不知道天上的宫殿，现在是哪年哪月哪日。我想乘着风回到天上，又怕住在美玉做成的月宫里，因为在高空中自己经受不住寒冷。而且在月亮上跳舞，只有清冷的影子跟着自己，实在孤独，不如在人间！

（夜较晚了）月光从一个红色的阁楼顶部照到另一个红色的阁楼楼顶。（夜很深了）它又低低地照进雕花的窗户里，照着失眠的人。明月啊，你不该对人有什么怨恨，为何总是在人们分别之时又圆又亮？人有悲哀，也有欢乐；有离别，有团聚；月亮也会有阴、晴、圆、缺。这种情况，自古以来就很难十全十美。只希望自己思念的人健康长寿，虽然相隔千里，也能共享这美好的月亮。

【赏析】

中秋节的晚上，苏轼一边赏月一边饮酒，想到在别处的弟弟，也想到自己被贬在这儿，心里很不是滋味，酒喝得就更多了。在这种似醉非醉的状态下，他望着那明月，联想到了月宫，以及天上无忧无虑的生活，产生了向往之情。词人性格是洒脱的，更是明智的，所以他的心绪又从月亮上回到了人间，表达了自己豁达的胸怀，作品形成了一种豪放洒脱的风格。

上片一开始，作者就举着酒杯，向青天提出一个问题："明月几时有?"天空啊，你告诉我明月是从什么时候开始有的？苏轼这时喝酒喝得有点多了，变得很天真，也把青天当作自己的好朋友了，就不客气地提问了。这种问题的提出，是符合酒醉状态下人们自由、无拘无束的心理状态的，写得很有趣。

这种酒醉下儿童式的提问还在继续，接下来两句："不知天上宫阙，今夕是何年?"他问：不知道天上的月宫，今晚是什么时间。因为在我们的观念里，天上的时间跟人间的不一致，有的说法是天上一天，就是人间的一年（有的说是百年或千年），所以他的好奇心使他想弄明白。

为什么他一开始就连问了两个问题？为什么他对月亮这么感兴趣？接下来他直接告诉我们答案："我欲乘风归去。""我"很想回归月宫。"归"指回去，表明作者认为自己原本住在天上，现在在人间过得不如意，要"归去"；又表明自己就是神仙，是高尚、纯净而无缺点的。但这仅仅是很短暂的想法，他很快就否定了自己刚才的念头："又恐琼楼玉宇，高处不胜寒。"他又害怕所住的玉做的宫殿，因在天上风大，自己受不了那儿的寒冷。同时，他还害怕那儿的孤独，"起舞弄清影，何似在人间"！在月亮上一个人跳舞，只有清冷的影子随着自己舞动，太孤独了，不如在人间，亲人、朋友一起聊天谈心，喝茶饮酒，热闹快活。我们可以看出，词人因为在现实中遇到很多不顺之事，所以想逃避，有到天上去的想法，但天上的高、冷、孤独，又使词人重新回到人间来。他既向往天上又留恋人间的矛盾心理，更深刻地说明词人对人间生活的热爱。

下片由中秋的圆月想到自己兄弟两人不能团圆，再表达用平常心对待人生悲欢离合的洒脱。

"转朱阁，低绮户，照无眠"，意思是说夜深了，月亮从一个红色的楼房转到另一个红色的楼房；夜更晚了，它低低地穿过雕花的门窗，照着屋里失眠的人。"无眠"既可以指苏轼自己，也可指那些不能和亲人团圆的人，他们心情难过而夜不能寐。看到月圆，想到自己不能团圆，于是产生了对月亮的不满与怨恨：你月亮是圆的，看到我只有一个人，你就来照我、嘲笑我。于是词人开始批评明月，说："不应有恨，何事长向别时圆?"明月您不应该对人有什么怨恨，为什么总是在人们离别的时候又圆又亮呢？苏轼很"天真"地埋怨明月，其实只是想表达人们特别盼望团聚的心理。

苏轼在理智上很清楚月亮变圆变缺是自然现象，它对人没有好恶之情，所以接下来词人说了公正的话，劝导人们不要怨恨月亮，"人有悲欢离合，月有阴晴圆缺，此事古难全”。人有悲伤、欢喜、分离、相聚之时，月也有被乌云遮住的时候，有明亮皎洁的时候，有圆圆的时候，也有残缺的时候，这些都是正常现象，我们很难要求都是欢快、团圆的时候，也不能避免分别、悲伤的时刻，可以说，自古以来世上就难有十全十美的事。既然如此，又何必为暂时的离别而感到忧伤呢？这几句写得很好，是千古名句，它由人到月，从古到今，对充满悲欢离合的人世情态与相处之道作了高度的概括，很有哲学味道。

最后两句：“但愿人长久，千里共婵娟。”这两句话的意思是：既然人间的离别是难免的，那么只要亲人健康长久，即使远隔千里也可以通过明月把两地联系起来，把双方的思念传达过去。“婵娟”是美好的样子，这里指明月。“共婵娟”就是共同拥有一个明月，换句话说，明月在空中把“我们”连起来，我们通过月亮来传达感情，所谓“月亮代表我们的心”。

这首词情景交融，紧紧围绕“月”，表达了丰富而又多变的情感，显示了词人高超的语言能力及浪漫、豁达、乐观的性格，给人以美的享受。

【重点词语与句子】

1. 明月几时有，把酒问青天。不知天上宫阙，今夕是何年：明月是什么时候产生的？我端着酒杯问青天。不知道天上的神仙宫阙，现在是哪年哪月哪日。

2. 人有悲欢离合，月有阴晴圆缺，此事古难全：人有悲哀，也有欢乐；有离别，也有团聚；月亮也会有阴、睛、圆、缺。这些情况，自古如此，难得十全十美。

3. 但愿人长久，千里共婵娟：只希望自己思念的人健康长寿，虽然我们相隔千里，也能共享这美好的月亮，让它传递我们的情意。

4. 高处不胜寒：在高空中自己受不了寒冷。

5. 琼楼玉宇：美玉建成的宫殿（月宫）。

【相关词语链接】

1. 天上下凡：天上的神仙来到人间居住。如：

在牛郎织女的神话故事里，织女原来是仙女，后~，成为牛郎的妻子。

她这么漂亮，难道是~的仙女吗？

2. 洒脱（sǎ tuō）：言谈、举止潇洒，自然，不拘束。如：

他是一个很~的人，那些烦恼、伤心的事，他都不会记在心里。

平时他是一个很严肃的人，可今天他又说又笑，又唱又跳，看上去很~。

3. 皎洁（jiǎo jié）：形容月光明亮洁白。如：

在~的月光下，他们坐在草地上聊天。

~的月光照着这个静谧的大地。

4. 翩翩起舞（piān piān qǐ wǔ）：形容跳舞轻快，优美。如：

在皎洁的月光下，他们~。

在舞会上，人们~。

5. 相隔千里：两个人分开得很远。如：

我在天涯，他在海角，我们~。

"海内存知己，天涯若比邻"，即使我们~，只要我们是真正的朋友，也会像邻居一样。

6. 无拘无束：自由自在，没有约束。如：

下课后，大家~，说说笑笑。

虽然老板在场，但是大家都~地谈话。

【练习题】

一、注音、组词

宫____ ________ 夕____ ________ 琼____ ________

宇____ ________ 胜____ ________ 舞____ ________

影____ ________ 阁____ ________ 欢____ ________

眠____ ________ 恨____ ________ 悲____ ________

二、诗句填空题

__________，把酒问青天。不知天上宫阙，________？我欲________，又恐________，________。起舞弄清影，________！

转朱阁，________，________。不应有恨，________？人有________，月有________，此事古难全。________________，________________。

三、解释画线词语的意思

1. 此事古难全

2. 把酒问青天

3. 高处不胜寒

4. 但愿人长久

四、用所给的词语完成句子

1. 她长得真漂亮，______________________。（天上下凡）

2. 下班后，________________。（无拘无束）

3. 不要想那些烦恼，_______。（洒脱）

4. ________________，我们出去散步吧。（皎洁）

5. 看到__________________，他一下子就爱上她了。（翩翩起舞）

6. ________________，一般很难见面。（相隔千里）

五、问答题

1. 作者是在什么心情下写这首词的？

2. 作者想到月亮上去吗？为什么？

3. 作者为什么责备月亮“不应有恨，何事长向别时圆”？

4. “人有悲欢离合，月有阴晴圆缺，此事古难全”表达了什么思想？

鹊桥仙[①]

秦　观

【解题】

秦观，北宋中后期著名词人。元丰八年（1085），秦观考中进士，因在政治上属于旧党，在新党执政时期被贬到外地，在政治上一直不得志，最后在返京的路上去世。秦观文学成就突出，是著名的诗人和词人，苏轼十分赏识他。秦观与黄庭坚、张耒、晁补之合称“苏门四学士”，其词大多描写男女情爱．抒发仕途失意的哀怨，文字精美，为人称道。

《鹊桥仙》是为歌唱牛郎织女的爱情故事而创作的乐由，本词的内容也是歌咏这个神话爱情故事。上片写牛郎和织女在鹊桥上进行一年一次的相会，下片则是写两人分别时恋恋不舍，表达了对理想爱情的追求与赞美，“两情若是久长时，又岂在朝朝暮暮”。这首词富有诗的意境，而且将写景、抒情、说理结合在一起，富有创造性。

纤云弄巧[②]，飞星传恨[③]，银汉迢迢暗渡[④]。
金风玉露一相逢[⑤]，便胜却人间无数[⑥]。

柔情似水，佳期如梦[⑦]，忍顾鹊桥归路[⑧]。
两情若是久长时，又岂在朝朝暮暮[⑨]。

【注释】

①鹊（què）桥仙：词牌名，此曲调专门歌咏牛郎织女七夕相会的故事。

②纤（xiān）云弄巧：纤细的云彩，变化多端，呈现出许多精美的图案。

③飞星：流星。

④银汉：银河。迢迢（tiáo）：遥远的样子。暗渡：悄悄渡过。

⑤金风玉露（lù）：秋天的晚上。“金风”指秋风，“玉露”指秋天晚上的露水。这句诗是说他们在秋天的七夕节（农历七月七日）晚上相会。

⑥胜却：超过，胜过。人间无数：人间青年男女的无数次相会。

⑦佳期：约会的美好时间。忍顾：不忍回头看。

⑧鹊桥：传说农历七月七日晚上，喜鹊在天河上搭桥，让牛郎和织女相会。这个桥就叫鹊桥。归路：回去的路。

⑨岂（qǐ）在：何必。朝朝暮暮（zhāo zhāo mù mù）：一天，这里指天天相聚。

【译文】

纤细轻柔的云彩，在天上变化出许多优美的图案；那些流星在天空中飞过，仿佛都在传递着牛郎和织女分别的怨恨。天河辽阔，牛郎、织女从遥远的两岸悄悄渡过来相会。

在金风玉露的秋天晚上，这对久别的爱人一年相遇一次，（他们恩爱甜蜜）就胜过人间青年男女无数次的相会。

两人彼此相爱，就像悄悄无声的流水那样温柔。相会时就像做梦一样，虽然很短，但美好而又难忘。要分离时，他们不愿分开，刚刚相会的鹊桥，转眼又成了离别的路。他们都不愿回头看要回去的鹊桥路。

两个人如果是真诚相爱，有天长地久的爱情，又何必天天在一起?

【赏析】

上片五句，主要写牛郎织女的分开与相逢。一开始就写“纤云弄巧”，通过云彩表明织女的身份。“纤云”指五颜六色的云彩，“弄巧”指变化出许多优美巧妙的图案，显示出织女手巧，手艺很好。可是，这么美好的人儿却不能与爱人一起生活，他们被分开在天河的两岸，只有通过“飞星传恨”，让那些流星给他们传递思念、痛苦，甚至离愁别恨。这两句诗引出了牛郎织女的故事传说，也表达了他们不能在一起的忧愁与怨恨（相爱的人被活活拆开）。

“银汉迢迢暗渡”，指辽阔的天河，把两个人隔开，今天他们悄悄地渡过天河，进行一年一度的相会。“迢迢”形容银河的辽阔，牛郎和织女各在河一边，被无情的王母娘娘拆开，被宽阔的天河隔开。“暗渡”两字，说出了相会的具体时间——夜晚，突出“今天”是七夕，是牛郎织女相会的日子，他们盼了一年的时间终于来到了，于是在夜晚悄悄相会。

接下来词人赞叹道：“金风玉露一相逢，便胜却人间无数!”他们渡过了天河，在刮着凉风、下着露水的秋天晚上相逢，时间虽短，但这美好的一刻，就胜过人间千遍万遍的相会。是啊，真正的爱情是不论约会的次数的，牛郎织女的一次相会就超过了一般人的一万次相会。这里，词人热情地赞美了理想的永恒的爱情。

下片主要写牛郎织女难舍难分的离别。第一句“柔情似水”，两人相会的恩爱与缠绵，就像水一样温柔。对于这次一年一度的相见，两个人还觉得像是做梦，都有些不相信，“佳期如梦”，像梦一样美好而难忘。梦总是很快就醒的，他们又要分离，可谁又愿意回去呢？“忍顾鹊桥归路”，意思是两个人都不忍心回头看要回去的鹊桥路。鹊桥刚刚成全了他们的相会，可现在又要成为分手的地方，心情由无比期盼变成了无比伤心。两个人紧紧拥抱着，不忍分开，可谓“相见时难别亦难”。

如果这首词仅写哀怨，它只能算作较好的抒情作品，还不能算作名篇，而本篇最后两句显示了作者超强的艺术表现能力，在忧伤的曲调中唱出了深厚而高亢的声音：“两情若是久长时，又岂在朝朝暮暮！”意思是爱情要经得起长久分离的考验，只要彼此真诚相爱，即使常年天各一方，也比朝夕相处却无爱情的生活要可贵得多。这无疑揭示了爱情的真谛，表达了他对爱情的理解：心灵的沟通，真心的相爱，才是真正的爱情。总之，这首词语言上的优美，思想上的深刻，使之成为词篇中的佼佼者。

【重点词语与句子】

1. 柔情似水：两人相会时的恩爱与缠绵，就像水一样温柔。

2. 佳期如梦：相会的时间就像做梦一样，虽然很短，但美好而又难忘。

3. 两情若是久长时，又岂在朝朝暮暮：两个人如果是真诚相爱，能够白头偕老，又何必天天待在一起？

【相关词语链接】

1. 巧妙（qiǎo miào）：（方法或技术）灵巧高明，超过一般。如：

我设计得不好看，你的设计就比较～。

故宫的建筑，让我们惊叹：怎能设计得这么～呢？

2. 千里迢迢：形容路途很遥远。如：

他们～来找我，我怎么能不好好招待？

我们～、风餐露宿来找你，可找到你后还要挨饿，大家的心里很不好受。

3. 离愁别恨：分离的忧愁，思念的痛苦，多指恋人或夫妻分离的痛苦。别：分别。如：

结婚不久他就去外地工作了，那种～，我只能在网上跟他说。

牛郎织女被天河隔开，心中的～只能让月亮传达。

4. 一年一度：每年一次。如：

～的运动会明天就要开幕了。

～的歌唱比赛实在是太精彩了。

5. 天长地久：像天、地那样长久。形容时间很长，多形容爱情永远不变。如：

我们的爱情~，永不改变。

我们虽然分开了，但友谊会~。

6. 天各一方：两个人相隔很远，见面困难。如：

原来我们天天在一起，可是现在却~，只能在电话里说说自己的离愁别恨。

毕业后，我们~，恐怕很难再见面了。

7. 缠绵（chán mián）：情意很深，形容十分恩爱。如：

终于见面了，他们这对恋人恩爱~。

我能感觉到他的~情意，但说实话我对他没有感觉。

8. 残忍（cán rěn）：野蛮、凶狠、冷酷无情，没有人性。如：

他居然把那个八岁小孩子的腿打断了，真是太~了。

他们两个人感情那么好，你却要拆开他们，真~。

9. 成全：帮助别人实现某种愿望。如：

他家里很穷，想上学却没钱，我要~他，帮助他上学。

你女儿那么喜欢小王，你为什么反对，为什么不能~他们，让他们结婚？

10. 高人一等：指高过别人，觉得自己比别人更好。如：

他觉得自己的水平~，别人都要听他的。

他认为自己当官，~，所以喜欢命令别人。

11. 辛酸（xīn suān）：指痛苦、悲伤，很难过。如：

想到分手的那一刻，他都会流下~的泪水。

爷爷每次讲到他~的往事，都会很伤心。

12. 佼佼（jiǎo）者：优秀的人或事物，指在某方面很突出。如：

他是我们同学中的~，现在已经是大公司的总经理了。

这篇小说是所有参赛作品的~，应该是一等奖。

【练习题】

一、注音、组词

纤____　________　巧____　________　传____　________

迢____　________　渡____　________　露____　________

柔____　________　佳____　________　顾____　________

二、用本课所学的诗句、词语等知识填空

1. 这幅画跟别的画相比，构思很________，看得出来，这个作者是很有想法的。

2. 这首词表达了牛郎织女天各一方的________，真挚感人。

3. 那种________、永远不变的爱情似乎只存在于传说故事中，现实生活中发生得很少。

4. 他不愿意提起________的往事，我们也都不好意思再问他。

5. 他是同事中的________，我们不应该嫉妒他。

三、用所给的词语完成句子

1. 他____________________，你怎么能不见他一面呢？（千里迢迢）

2. ________________________，你参加吗？（一年一度）

3. 他刚才把一只小鸡踢死了，__________。（残忍）

4. 你这个想法很好，我要______________，开一个公司。（成全）

5. __________________________，其实大家的水平差不多。（高人一等）

四、问答题

1. 这首词主要根据哪个神话故事而写的？

2. 牛郎织女是在一年的什么时间相聚？平时他们天各一方，心中有什么情感？

3. 作者认为，牛郎织女一年一次的见面跟天天在一起的人间普通夫妻相比，怎么样？

4. 你能形容一下牛郎织女夫妻相逢后的甜蜜、幸福吗？两人分别时是否也有“相见时难别亦难”的感觉？

5. 诗的最后两句表达了什么思想感情？

夏日绝句

李清照

【解题】

李清照（1084—约1155），南宋著名女诗人、词人，北宋元丰七年（1084）生于山东济南。公元1127年，金兵入侵中原，攻破了北宋首都汴京，俘虏了宋徽帝和宋钦帝，赵宋王朝被迫南移。李清照和丈夫也从北方逃到南方，开始了逃亡生活。到南方不久，丈夫赵明诚被任命为南宋京城建康（今南京）的知府。一天深夜，城里发生叛乱，赵明诚没有尽职尽责，悄悄地逃跑了。李清照为丈夫的逃跑而感到羞愧，两人的关系受到影响。1128 年，他们向江西方向逃亡，行到乌江，站在项羽兵败自杀的地方，李清照随口吟诵了这首诗，表达了不畏惧、不投降的英雄气概。赵明诚站在她身后，听后十分惭愧，深深自责，不久便因急病发作而亡。

生当作人杰，死亦为鬼雄①。

至今思项羽②，不肯过江东③。

【注释】

①这两句说，人活着就要做人中的豪杰，死了也要做鬼中的英雄。

②思：怀念。项羽：楚霸王。秦朝末年项羽率领百姓起义，曾打败秦朝主力军，使秦朝很快灭亡。秦亡后他和刘邦争夺天下，最后失败，自杀于乌江边。

③江东：指长江东部沿海一带。项羽原是跟随叔父项梁在江东的吴地（今江苏省苏州市）起义，后来因战事不利，项羽在乌江自杀。自杀前，他表示自己没颜面再见江东父老。这两句是说，今天人们仍然思念项羽，因为他不会苟且偷生，不肯回江东，死得悲壮，令人佩服。

【译文】

人活着就要做一个英雄，即使死了，也要成为鬼中的英雄！

到今天人们还在思念项羽，是因为他当年宁愿死去，也不肯苟且偷生回到江东。

【赏析】

面对金国的入侵，南宋小朝廷不是积极地抵抗，而是采取投降主义、逃跑主义，家乡被金国占领的李清照对此极为不满。她愤恨一些人的和谈、投降主张，于是在诗中借用项羽失败后不肯苟且偷生、乌江自杀的历史事实来讽刺南宋统治者，表达了积极抗战、恢复故土的思想感情。

诗歌的前两句写得十分有气势，“生当作人杰，死亦为鬼雄”，这是说人活着就要做人中的豪杰，为国家建功立业；死也要为国牺牲，成为鬼中的英雄。换句话说，人无论生死，都不能软弱投降，都要做英雄豪杰。李清照是一名女子，性格温柔大方，但在国家灭亡的危急时刻，她心中充满了跟敌人战斗到底的勇气，有宁愿站着死、不愿跪着生的不怕死的英雄气概，在这一点上她巾帼不让须眉。

后两句，诗人给人们树立了一个学习的榜样：“至今思项羽，不肯过江东。”现在的人们还思念项羽，是因为他宁愿战死也不肯渡过江东。我们知道怀念一种事物或精神，首先是这种事物或精神在当时是缺乏的，所以人们才会追求它，才会希望更多人学习它。女诗人把项羽当作榜样，就是因为她痛恨宋朝统治者的投降、软弱，所以希望南宋统治者有破釜沉舟、一往无前的勇气。

这首诗起调高远，鲜明地提出了自己的人生理想——爱国主义、英雄主义，让人们看到了一个女中豪杰的光辉形象。

【重点词语与诗句】

生当作人杰，死亦为鬼雄：人活着就要做一个豪杰，去世了也要成为鬼中的英雄。

【相关词语链接】

1. 无颜见江东父老：没有脸面见到家乡的人，表示自己在外地过得不好，感到羞愧，对不起家乡人。如：

项羽年轻时带着家乡人到外地打仗，可现在这些家乡人差不多都被打死了，他～，不愿意一个人回去，最后就自杀在乌江边。

我生意做得很失败，现在回家乡，真是～。

2. 英雄豪杰：英雄，才能超过很多人。如：

他虽然个子不高，但在危险的时候，能勇敢地站出来，带领大家打败敌人，他就是～。

只要你有勇敢的精神，有不怕死的气概，也有很高的武艺、才能，你就是～。

3. 女中豪杰：指女子中的杰出人物。豪杰：指才能出众的人。如：

花木兰女扮男装，替父从军，是～。

公司有几万人，她管理得很好，每年利润也很高，她确实是个～。

4. 宁愿站着死，绝不跪着生：宁愿死，也不低头，也不投降。如：

敌人如果把我抓住，我～，不会投降的。

每个人都有自己的尊严，我～。

5. 建功立业：建立功劳、事业，为国家、为人民做一些大事。如：

老师从小就教育我们长大后要为国家～，成为有用的人才。

不要只想着～，要先把你自己的工作、身边的事情做好，只有这样，才有可能为人民～。

6. 为国捐躯（juān qū）：为了国家而献出生命。如：

他为了保护国家的财产而～。

他们为了打败侵略者，而～。

【练习题】

一、注音、组词

杰____　________　雄____　________　捐____　________

含____　________　苟____　________　抹____　________

二、用本课所学的诗句、词语等知识填空

1. 生当作________，死亦为________。至今思________，不肯过________。

2. 为了打败敌人，他们________，这些牺牲的英雄是我们永远尊敬、怀念的人。

3. 这个女的真是厉害，不愧为________。

4. 我们要战斗到最后，______________________，绝不会投降的。

5. 我一直有一个梦想，那就是为国家________，为了这个理想，我应该好好学习，积累知识，增强能力。

6. 我们这儿出了很多________，尽管他们都去世了，但人们常常讲述他们的故事。

7. 我在这儿发展得不顺利，每当见到老乡，我总是很惭愧，真是____________。

三、问答题

1. 女作家李清照觉得我们应该做什么样的人？

2. 作者为什么说人们至今还思念项羽？

3. 这首诗作者表达了一种怎样的感情？

4. 当敌人侵略自己国家的时候，我们每个人应当怎么做？

满江红

岳　飞

【解题】

岳飞（1103—1142），字鹏举，河南人，是南宋抵抗金国的名将。岳母在他背上刺字“精忠报国”，这个故事家喻户晓。岳飞一直主张抗金，这与宰相秦桧的投降主张完全不同，后被秦桧害死。

绍兴六年（1136），岳飞率军从襄阳出发，向北收复被金国占领的失地，一路上比较顺利，陆续收复了洛阳附近的一些地方，部队很快就能到达北宋的故都汴京，军队士气很高，战斗力很强。但宋高宗一心想与金国谈判和解，命岳飞立即带兵回朝，岳飞不得不率军回到湖北。一想到南宋失去了收复失地的大好机会，他心中悲痛万分，就写下了这首充满感情的《满江红》，以表达自己对敌人的愤恨，以及爱国无望的悲愤。

怒发冲冠①，凭栏处②、潇潇雨歇③。抬望眼，仰天长啸④，壮怀激烈。三十功名尘与土⑤，八千里路云和月⑥。莫等闲⑦、白了少年头，空悲切。

靖康耻⑧，犹未雪⑨；臣子恨，何时灭？驾长车⑩、踏破贺兰山缺⑪。壮志饥餐胡虏肉，笑谈渴饮匈奴血。待从头⑫、收拾旧山河⑬，朝天阙⑭。

【注释】

①怒发冲冠（nù fà chōng guān）：愤怒时头发都竖起来，顶着帽子，形容十分愤怒。冠：帽子。

②凭：依着。栏（lán）：栏杆。

③潇潇（xiāo）：形容雨很急。雨歇：雨停。

④仰（yǎng）天长啸（xiào）：对着天空大声喊叫，表示心情郁闷。

⑤功名尘与土：自己把功名看作尘土。

⑥八千里路：转战南北八千里，形容十分艰辛。云和月：指披星戴月，日夜兼程。

⑦等闲：随便，指虚度时光。

⑧靖康（jìng kāng）耻：靖康是宋钦宗的年号。宋钦宗靖康二年（1127），金兵攻陷北宋的首都汴京，俘虏徽、钦二帝。

⑨雪：雪耻。

⑩长车：战车。

⑪贺兰山：在今宁夏回族自治区，此处当时为金人所在地。缺：指险隘的关口。

⑫从头：重新。

⑬收拾：整顿。

⑭朝天阙（què）：指回京报捷。

【译文】

我怒发冲冠，心中愤怒，独自登高，倚着栏杆，暴雨刚刚停止。我抬头远望，见远方土地被金人占领，禁不住仰天长啸，报国之情充满心中，难以平静。三十多年的功名地位，自己都当作尘土；抗击金兵，转战南北，行程八千里，披星戴月，毫无怨言。要及时建功立业，不要虚度时光，等少年变成老年时，徒自后悔悲伤。

靖康时的奇耻大辱，至今也没有雪洗。臣子不能解救君王的愤恨，何时才能消除！我要驾上战车，踏破贺兰山关口，打败金人。我有雄心吃掉敌人的肉，谈笑间喝敌人的鲜血，待我重新收复旧日山河，向朝廷报告胜利的消息。

【赏析】

岳飞是一名战将，不是专职诗人，但他面对北方大片土地被金人占领、山河破碎的情况，禁不住心怀悲愤，写下了这首表达自己精忠报国的词作。

上片的首句“怒发冲冠”，作者直接表明了自己的心情：无比愤怒，给整首词定了一个调子。“凭阑处、潇潇雨歇。抬望眼，仰天长啸，壮怀激烈”，是说自己在大雨停止之后，站在高楼上，手扶栏杆，望远处，那些本是自己国家的北方山河，现在却为金国占领，作者心中的怒火再也无法控制，以至于怒发冲冠，于是对天长啸，发泄自己的悲痛。作为一名将军，看到被别人占领的土地，心中的愤怒与耻辱是强烈的，所以他“怒发冲冠”，“仰天长啸，壮怀激烈”。

岳飞当时33岁，回忆自己十多年来的生活与经历，可以说，为了收复失地的理想，他不看重地位，不害怕劳累，“三十功名尘与土，八千里路云和月”，意思是说他三十多年来不在乎自己的功名地位，把它们看作尘土；他十多年来南征北战八千里，披星戴月去杀敌，不分白天晚上。他什么都不顾，什么都不想，就想把金国赶走。他告诫人们，“莫等闲、白了少年头，空悲切”，不能浪费时间，等到了白头时，再后悔、悲伤就来不及了。总之，诗人表现了自己的愤恨以及急于立功报国的愿望。

词的下片抒写了报仇的爱国热情及必胜信念。“靖康耻，犹未雪；臣子恨，何时灭”，这几句是过渡句，明确告诉了我们岳飞“怒发冲冠”、“仰天长笑”和“壮怀激烈”的原因——靖康之耻。这四句词的意思是：靖康二年的国耻还没有报，臣子的亡国之恨什么时候才能够消除呢？古人有忠君思想，自己的皇帝被敌人俘虏了，被抓到了金国，这对大臣们来说是极大的耻辱，所以岳飞用“耻”、“恨”来概括这种心理。

以下全是作者的想象之词，表明自己打败敌人的信心。“驾长车、踏破贺兰山缺。壮志饥餐胡虏肉，笑谈渴饮匈奴血”，以夸张的手法表现了复仇的心理，以及对敌人的愤恨，同时表现了自己英勇的信心和无畏的乐观精神：驾着战车踏破敌人的老巢，我有这样的雄心壮志，在肚子饿时，吃敌人的肉；在口渴时，很轻易地就能喝敌人的血。或许这种自信，来自于之前多次打败敌人的战争，岳飞认为打败敌人是轻而易举的事情。接下来他又想象着胜利的那一天，说：“待从头、收拾旧山河，朝天阙。”等待收复了山河，再向朝廷的皇帝报告吧！表现了岳飞“还我河山”的决心和信心。

这是一首充满爱国主义的词作，也是一首英雄主义的赞歌，充满刚健壮大的情感，深受后人喜爱。

【重点词语与诗句】

1. 怒发冲冠：因为生气、愤怒，头发都直立起来，以至于顶住了帽子。如：

我一听他侮辱人的话，就～，真想打他一顿。

跟人谈判的时候，即使对方的话再难听，也不能～，一定要冷静。

2. 仰天长啸：抬头对着天，因为悲愤而高声大叫。如：

这段时间不如意的事太多了，他觉得有一肚子的难受、委屈，就来到无人的地方，～，想把它们都喊出来。

公司快要倒闭了，他~，说："上帝啊，我怎么这么倒霉啊？"

3. 壮怀激烈：报国之心激荡胸中，自己难以平静。

4. 三十功名尘与土，八千里路云和月：三十多年的功名地位，自己没有把它们放在心上，看它们跟尘土一样；十多年来，从军打仗征战南北，走八千里路，披星戴月，日夜兼程。形容自己不看重功名地位，与金国打仗不怕吃苦受累。

【相关词语链接】

1. 暴风骤雨（bào fēng zhòu yǔ）：又猛又急的大风和大雨。暴、骤：突然而又急速。如：

我们登山时，来了一阵~，把我们都淋湿了。

窗外的~让我心情很不好。

2. 雪耻：报仇，为自己以前受到的耻辱而报仇。如：

这是二十年前的仇，今天我终于~了。

3. 报仇雪恨：指报仇，洗刷掉自己以前的仇恨。

王飞五年前杀了李明的父母，现在李明长大了，他要给父母~。

你去~，把张老板杀了，那么张老板的儿子以后有可能再找你~。这样杀来杀去，仇恨就会越来越多，那什么时候才能结束呢？

4. 雄心壮志：伟大的理想，宏伟的愿望。如：

我的~是开一家大公司。

他只是完成每天老板交给他的工作，从不认真考虑自己以后的发展，是一个没有~的人。

5. 披星戴月，风餐露宿：形容连夜奔波，或早出晚归，在风里吃饭，在野外睡觉。指旅途或野外工作十分辛苦。如：

为了尽快能赶到，我们~，拼命地往前赶，最后准时到达了。

他们~，非常辛苦，但为了自己的理想，大家都毫无怨言。

6. 日夜兼程：不分白天、晚上地赶路。如：

时间不多了，我们不能住宿休息，要~。

情况很紧急，我们必须~，才能早点赶到救他们。

7. 精忠报国：忠诚地报答国家，为国家牺牲一切。如：

每个人都应该~。

岳飞～，成为后世人们学习的榜样。

【练习题】

一、注音、组词

冲____ ________ 凭____ ________ 歇____ ________

抬____ ________ 仰____ ________ 啸____ ________

耻____ ________ 踏____ ________ 缺____ ________

饥____ ________ 餐____ ________ 虏____ ________

二、选择所给的词语填空

雄心壮志　　怒发冲冠　　报仇雪恨　　精忠报国　　披星戴月，风餐露宿

1. 不要因为一点儿小事不满意，你就________，生气得不得了。

2. 他要到几百里外的地方做生意，常常是____________________，辛苦好多天才走到。

3. 父母被人害死了，他一心想着给亲人__________，连自己的婚姻大事都不考虑。

4. 你想办一所国际学校，有这个________是好事，但一定不能只空想，而要扎扎实实地做事。

5. 岳飞________ 的精神感动了很多中国人。

三、思考题

1. 作者“壮怀激烈”、心情难以平静的原因是什么？

2. 作者对收复失去的土地，有没有信心，你是怎么知道的？

3. 作者对侵略者是什么态度？

4. 当自己的国家被敌人侵略时，你将采取什么态度？

游山西村

陆　游

【解题】

陆游（1125—1210），越州山阴（今浙江绍兴）人，南宋著名的爱国诗人、词人。陆游始终坚持抗金，因此遭到主张投降的当权派的排斥与打击。陆游晚年退出官场，

回到家乡，但心中收复中原的愿望一直没变。他一生创作了很多诗歌，是中国文学史上存诗最多的诗人，今存九千多首，诗歌的内容极为丰富，或反映人民疾苦，或抒发政治理想，或批判当时统治者的投降行为，等等。其诗风格雄浑豪放，主要表现了渴望国家统一的强烈爱国之情。

《游山西村》是陆游晚年回到老家之后的作品，赞美了乡村生活的闲适，农村人的热情和朴实，表达了自己的向往之情。

莫笑农家腊酒浑[①]，丰年留客足鸡豚[②]。
山重水复疑无路[③]，柳暗花明又一村[④]。
箫鼓追随春社近[⑤]，衣冠简朴古风存[⑥]。
从今若许闲乘月[⑦]，拄杖无时夜叩门[⑧]。

【注释】

①腊（là）酒：腊月里酿造的酒。腊月，中国农历的十二月。浑：浑浊，水不清。

②丰：丰收。足鸡豚（tún）：足够多的鸡肉、猪肉。豚：小猪，指猪肉。足：足够，丰盛。

③山重水复：前面有一座座山峰，山下有一道道小溪，山水环绕。疑：怀疑。无路：无路可走。

④柳暗花明：绿柳茂密，浓荫光暗；花儿盛开，红艳明亮。

⑤箫（xiāo）鼓：吹箫打鼓。追随：紧跟着。春社：古代以立春后第五个戊日为春社日，拜祭土地神和五谷神，祈求丰收。

⑥古风存：保存着纯朴的古代风俗。

⑦若许：如果这样。闲乘月：空闲时乘着月光前来。

⑧无时：随时。叩（kòu）门：敲门。

【译文】

不要笑话农民腊月做的酒浑浊，丰收之年他们用足够多的鸡肉、猪肉来招待客人。

前面是一重重山、一道道水，自己正怀疑无路可走的时候，忽然看见不远处柳树成林，绿枝茂密，又见鲜花盛开、颜色明丽，一个村庄出现在眼前。

家家吹着箫、击着鼓，因为春社祭日已经临近。人们穿衣、戴帽都很朴素，乡村仍然保存着简朴的古风。

从今日以后，如果农民允许我在空闲时乘着月光前来，我会拄着拐杖，敲开农民朋友的木门。

【赏析】

这首诗是作者在山阴农村老家时所作，全诗生动地描绘了色彩明丽的农村风光和十分温馨快乐的农村生活，流露出对淳朴农村生活的热爱和恋恋不舍。

首联“莫笑农家腊酒浑，丰年留客足鸡豚”，写村民给我们这些客人准备了丰盛的饭食，赞美了农民的纯朴、热情、好客。这两句诗的意思是说不要笑话农家的腊酒浑浊不清，在丰收之年，农村人款待客人很热情，准备了足够丰盛的鸡肉、猪肉等。“腊酒”是农民自做的过年用的酒，酒味不浓，不是很好，所以诗人说“不要笑话”；但他们招待客人的菜肴却是丰盛的，有鸡肉有猪肉，而且是“足够”多。“足”字，表达了农民的朴实及待客的盛情。从这两句可以看出诗人愉快轻松的心情及对农村生活的喜爱。

颔联“山重水复疑无路，柳暗花明又一村”，回忆来这儿的山间小路景色。诗人来这个村庄时，走的不是平原大路，而是山间小路。看吧，前面的小山一座连着一座，水道曲折弯曲，清澈的山泉在山间缓缓地流淌，草木茂密，山路被遮住。作者正怀疑无路可走，十分迷茫的时候，突然看到不远处有一片茂密的柳树、一片鲜艳的红花。诗人一下子高兴起来：有花有柳树的地方，一定有村庄，于是又向前走了一段路，一个山村就出现在他的面前了。“又一村”就把诗人兴奋的心情表现出来了。这两句不仅仅写去山西村路上的风景，更主要的是通过写景寓含哲理——当我们的人生之路出现困惑、迷茫，觉得无路可走的时候，事情突然有了转机，出现了光明而美好的前景。或者说，在逆境中往往蕴含着无限的希望。这使黑暗中的人们重新获得了信心，有了前进的动力。

颈联“箫鼓追随春社近，衣冠简朴古风存”，则描绘了农村春社这一风俗。“社”为土地神。春社是农家祭祀土地神，祈祷丰收的仪式。作者来山西村的日子临近春社，所以山村里家家户户都吹箫击鼓，热热闹闹，一起为迎接祭祀土地神的春社做准备。“衣冠简朴古风存”赞美这儿的人们衣服简朴，很好地保留着古代传下来的乡土风俗，作者心中发出由衷的赞美。

这个宁静而古风犹存的山村让我们的诗人不愿意离开，所以他尾联说“从今若许闲乘月，拄杖无时夜叩门”。“无时”就是随时的意思。诗人已在这儿游玩了一整天，此时整个大地笼罩在一片淡淡的月光中，村庄格外安静，诗人十分留恋，于是情不自禁地说：从今以后，如果你们允许我在月光中来拜访你们，我会拄杖来敲开你们的大门，聊天谈话。这首诗一方面鲜明地表现了诗人对山村的喜爱，以及他与农民亲密无间的感情，并从另一个方面告诉我们，或许是事业上不得志的诗人，在这个小山村里得到了心理上的安慰，于是就有了常住此地的强烈愿望。

这是一首十分优美的诗歌，尤其是“山重水复疑无路，柳暗花明又一村”更是千古名句。

【重点词语与诗句】

山重水复疑无路，柳暗花明又一村：前面是一重重山，一道道水，自己正在怀疑前方无路可走的时候，忽然看见不远处有一片柳树，枝叶茂密，又见红花盛开，色彩鲜艳，一个村庄出现在眼前。比喻人们在遇到重重困难，感到无路可走的时候，事情突然又有了转机，出现了光明而美好的前景。如：

为了开公司，我向很多人借钱，但是借来的钱却不多，正当我要放弃开公司的计划时，远在国外的老同学给我寄来了一大笔钱，这真是~啊。

这些数学题我想了很久也没想出来，十分苦恼，这时老师给我讲了几句话，真是~，我很快就想出了答案。

【相关词语链接】

1. 浑浊（hún zhuó）：混浊，（水、酒等）不干净，不清，有杂质。如：

这个水很~，颜色发黄，不能喝。

暴风骤雨过后，河水~不清。

2. 无路可走：前面没有路可以走，比喻面临着很大的困难。如：

公司破产了，妻子也跟他离婚了，他现在是~。

你现在只是失业了，还没有到~的地步，所以要有信心。你可以自己做一些小生意，虽然辛苦一点儿，但是还是有一些收入的。

3. 山穷水尽：山和水都到了尽头。比喻无路可走，陷入绝境。

他花光了所有的钱财，已经到了~的地步。

这个公司破产了，工人们都离开了，机器也被搬走了，公司已经到了~的地步。

4. 柳暗花明：与“山穷水尽”相对，指情况出现了转机，不再无路可走，已经有了较好的解决办法。如：

不管我们遇到什么困难，都不能失去信心。只要有信心，我们就会走出困境，事业就会~。

因为一场误会，老板要开除我，我很难过，谁知道今天却～，老板不但承认了自己的错误，还给我加了工资，让我回去继续上班。

5. 美味佳肴（jiā yáo）：形容食物很好吃，很丰盛。肴：饭。如：

他回国后，每天都能吃上～，半个月就胖了好多。

这是什么饭啊？这么难吃，还说让我们天天吃～呢！

6. 敲锣打鼓：又敲锣，又打鼓，形容欢乐热闹的场面。如：

哥哥结婚时，我们～，给他举行了热闹的婚礼。

她回故乡时，朋友们～欢迎她。

7. 简朴：简单朴素。如：

他们结婚时，没有敲锣打鼓，也没有宴请宾客，而是举行了很～的婚礼。

他虽然是百万富翁，但衣着～。

8. 静谧（jìng mì）：安宁，平静。如：

我厌恶了城市的吵闹，要去一个～的乡村住一段时间。

我只能在～的夜晚，独自看着你的相片，默默地想你。

【练习题】

一、注音、组词

浑____ ________　丰____ ________　足____ ________

疑____ ________　暗____ ________　简____ ________

追____ ________　冠____ ________　闲____ ________

二、用所给的词语完成句子

1. __________，你花了很多钱吧？（美味佳肴）
2. 乡村__________，我们出去欣赏月亮吧？（静谧）
3. __________，不是一个浪费金钱的人。（简朴）
4. 我__________，工作没了，做生意既没钱，又没技术。（山穷水尽）
5. __________，不能直接喝。（浑浊）
6. 我感觉现在到了山穷水尽的地步，还不知道__________。（柳暗花明）

三、问答题

1. 作者游览的是什么地方？他觉得农村的人怎么样？
2. 你能描述一下作者去山西村的山路景色吗？

3. 作者在那个山村遇到了什么活动?

4. 作者最后表达了一个什么心愿?

5. 你去过农村吗?谈谈你对农村风景和农村人的认识或感受。

示　儿[1]

陆　游

【解题】

这是诗人临死前写给儿子的诗。陆游是南宋著名的爱国诗人，两岁时赶上北宋灭亡，北方的大片土地被金国占领，一直到他去世，祖国仍旧没有统一。诗人一生都在为收复中原而努力，心里始终有着统一河山的强烈愿望。本诗就表达了作者收复大好河山的爱国之情，也表达了理想不能实现的遗憾与悲愤。

死去元知万事空[2]，但悲不见九州同[3]。

王师北定中原日[4]，家祭无忘告乃翁[5]。

【注释】

①示：告诉。示儿：告诉儿子。本诗是诗人临死前写给儿子的遗言。

②元：指“原”，原来。万事空：什么事都没有了。

③但：只是。九州：古代中国分为九个州，分别是冀州、兖（yǎn）州、青州、徐州、扬州、荆州、豫州、幽州、雍州，这里指中国。九州同：全国统一。

④王师：国家的军队。北定：向北平定、收复。中原：指淮河以北被金人侵占的地区。

⑤家祭：在家中祭祀祖先。无忘：不要忘记。乃：你。乃翁：你的父亲，指诗人自己。

【译文】

我本来知道，人死后，人间的一切就都与自己没有关系了，

只是让我悲伤的是，没能亲眼看到祖国的统一。

当宋朝军队向北平定中原的那一天，

你们举行家祭，千万别忘了把这个好消息告诉你们的父亲——我。

【赏析】

陆游出生在一个世代做官的家庭，他两岁时，金国攻下北宋首都汴京，父母带着他到了杭州。他因受社会及家庭环境的爱国影响，从小就立下了杀敌救国的志向。后因朝廷投降派占了上风，他一直被人排斥，理想也一直无处实现。他临死前写了《示儿》，表达了其至死不变的爱国情感。应该说，这首诗是他一生爱国思想的最集中的体现。

首句“死去元知万事空”，“元知”是本来就知道的意思，“万事空”是说人死后一切事情如地位、金钱、名誉等都结束了，都不再存在了。尽管陆游在理智上十分清楚死后一切都是空的，但他还是有一件十分悲痛的事，这就是“但悲不见九州同”，北方的大片国土仍在金国手中，南宋未能收复。我们知道，人生最大的悲哀就是愿望到死都没有完成，所谓死不瞑目，诗人就表达了这种遗恨。

前两句让我们看到了一个诗人的爱国心，后两句则使我们感受到诗人爱国心的深沉。第三句“王师北定中原日”，指国家的军队向北平定中原、收回失地的那一天，这是诗人日思夜想的那一天，他坚信这一天迟早会到来。第四句“家祭无忘告乃翁”，他希望后代子孙，在家祭时千万别忘记把“北定中原”的喜讯告诉他。其实，他心里

很清楚，人死后“万事”皆“空”，但他还是要儿子告诉他，从这里我们可以看出诗人的爱国之情是多么执着、深沉、热烈、真挚啊。

诗人在他生命的最后一刻仍念念不忘祖国的统一，在表达爱国之情的同时，也流露了他未见理想实现的无奈、愤恨等复杂的感情。

【重点词语与诗句】

王师北定中原日，家祭无忘告乃翁：当宋朝军队收复中原失地的那一天，你们举行家祭的时候，千万别忘了把这个好消息告诉你们的父亲——我。

【相关词语链接】

1. 占领（zhàn lǐng）：用军队、武力得到某个地方。如：

1937 年 9 月 18 日后，日本很快就 ~ 了中国的东北。

我们 ~ 了山头，山下的敌人只好投降了。

2. 真挚（zhēn zhì）：感情真诚、深沉。如：

他讲那件事情时，感情很 ~，眼泪都流下来了。

你写的这篇文章，感情不 ~，像是假的，所以感动不了人。

3. 排斥（pái chì）：反感，不喜欢，拒绝或不接近（自己厌恶的人或事物）。如：

我不喜欢他，所以无论有什么活动，我都很 ~ 他。

她觉得穿超短裙的女孩子是不正经的女人，所以很 ~ 穿超短裙。

4. 喜讯：好消息。如：

昨天传来了一个 ~，我被名牌大学录取了。

他电话里告诉我一个 ~，说他的孩子顺利出生了。

5. 念念不忘：形容记在心中，一刻也没忘。念念：时刻思念着。如：

几年前，他的孩子去世了，但到现在他一直 ~ 那个孩子。

陆游一直到死都 ~ 收复被敌人占领的北方国土。

【练习题】

一、解释划横线词语的意思

1. 死去<u>元</u>知万事空

2. <u>但</u>悲不见九州同

3. 家祭无忘告乃翁

二、用本课所学的诗句、词语等知识填空

1. 死去元知________，但悲不见________。王师北定________，家祭无忘________。

2. 他是一个很真诚的人，说话也很________，我们都很信服他。

3. 敌人________了我们的村庄，杀害了很多老人和孩子。

4. 那件事情已经过去很长时间了，到现在他还________呢。

5. 从省城传来一个________，我们这里要修机场了。

6. 你是一个年轻人，应该很愿意接受新思想，不会轻易就________一些新事物吧？

三、问答题

1. 去世前，诗人一直都感到悲伤的是什么？

2. 诗人死后，他最希望孩子们在家祭时告诉他什么？

3. 诗人明明知道人死后，一切都结束了，什么都不存在了，但为什么还要孩子在“王师北定中原”的时候，把这个喜讯告诉他呢？这表达了诗人什么样的感情？

游园不值①

叶绍翁

【解题】

叶绍翁，南宋中期诗人，1194 年生于浙江，长期隐居于西湖边。他最擅长创作七言绝句。本诗以“游园不值”为题，是说自己想观赏朋友的花园可是恰巧朋友不在家，诗人通过一枝红杏从紧闭的花园墙头伸出这一景色，写出“春色满园关不住，一枝红杏出墙来”的哲理名句，表达了生机勃勃的事物其成长是无论如何也压制不了的道理，给人以很大的思想启发。

应怜屐齿印苍苔②，
小扣柴扉久不开③。
春色满园关不住，
一枝红杏出墙来。

【注释】

①游园不值：想游园没遇到主人，表示没能观赏到花园内的景物。值：遇到。不值：没遇到主人。

②应怜：大概是怜惜。怜：怜惜。屐（jī）齿：屐是木鞋，鞋底前后都有高跟儿，叫屐齿。

③小扣（kòu）：轻轻敲门。柴扉（chái fēi）：用木柴、树枝编成的门。

【译文】

也许是主人担心我的木屐踩坏他的青苔，所以我轻轻地敲门敲了很长时间他也不开。

这满园的春色毕竟是院墙关不住的，（你若不信，请看）一枝粉红色的杏花已伸出墙头来。

【赏析】

题目“游园不值”，已经交代了花园主人不在家这一情况。前两句“应怜屐齿印苍苔，小扣柴扉久不开”，则对没遇到朋友的原因作了猜测，写得很幽默风趣，说大概是花园主人因为爱惜园内的青苔，怕我的屐齿踩坏了它，所以虽然我轻轻敲门敲了很长时间，他也不打开园子的门，让我进去。诗人幽默地将主人不在家，故意说成主人有意拒绝自己，不让客人踩坏园子里的青苔，表达了自己对主人的小小“埋怨”。小路上有青苔，说明这些天雨水较多，那么园子里的花草树木喝了那么多雨水，想来也是争奇斗艳，十分漂亮，自己没有欣赏到，心中不免有些遗憾。

诗人有些失望，又不想马上离开，只是呆呆地看着高高的围墙。这时他突然兴奋激动起来，因为他看到了“春色满园关不住，一枝红杏出墙来”。主人紧闭园门，好像要把春色关在园内，可是无论你怎么关春色，你的院墙多么高，那也是关不住的，不信你看，红杏就从墙上伸出一枝来，那花儿开得多么红艳啊。“关”和“出”正相对，表明春天来临，万物的生命力都很旺盛，你想关门也是“关”不住的，它终究会冒出来。后两句形象鲜明，不仅景中含情，而且景中含理，表达了一切新生的美好事物是封锁不住、关不了的，它必能冲破一切束缚，蓬勃发展的道理。这两句诗表达了深刻的道理，能引起读者许多联想。

【重点词语与诗句】

春色满园关不住，一枝红杏出墙来：这满园的春色毕竟是关不住的，你看，一枝粉红色的杏花伸出墙头来。比喻一切新生的美好事物无论怎样封锁、压制，它必将冲破束缚，为人所知。

【相关词语链接】

1. 怜惜（lián xī）：爱惜，同情爱护。如：

花草树木也是有生命的，我们要～它们，不能野蛮地对待它们。

我躺在病床上，奶奶～地看着我。

2. 满园春色：整个园子里一片春天的景色，比喻生机勃勃的景象。如：

春天来了，这～让人陶醉。

这～真是太漂亮了，看着看着，我的心情也好了起来。

3. 争奇斗艳（yàn）：各种鲜花盛开，都争着显示自己的美丽。形容都争着展示自己的漂亮，显示才能。

花园里有400多种花，～，吸引了无数的游客。

节日里，姑娘们都穿着漂亮的衣服，～。

4. 束缚（shù fù）：约束，限制，不能自由发挥。如：

妈妈总是～我，比如：不能穿短裤，不能上网，不能自己出去玩，必须晚上9点以前睡觉，等等。

我不喜欢这个公司，因为这儿的~太多，没有自由。

5. 蓬勃（péng bó）：繁荣，旺盛，生机勃勃。如：

战争结束了，这个国家很快就~发展，让人们看到了希望。

下了一场雨，小草、鲜花都~生长。

6. 鼓舞（gǔ wǔ）：使人振作，增强信心或勇气。如：

他告诉我，我们已经胜利了，这真是个~人心的消息。

当看到有很多球迷支持他的时候，他很受~。

7. 封锁（fēng suǒ）：（用强制的力量）使跟外界失去联系；（采取军事等措施）使不能通行。如：

小偷就藏在这座大楼里，我们~了他的一切出口。

那个杀人的消息被~了，我们谁都不知道。

【练习题】

一、注音、组词

值____ _______ 怜____ _______ 印____ _______

扣____ _______ 柴____ _______ 苍____ _______

二、用本课所学的诗句、词语等知识填空

1. 春色满园关不住，________________。

2. 我_______地看着这些可怜的孩子，他们又小又瘦，似乎被人遗弃了。

3. 各种花儿__________，真是好看。

4. 你想_______消息，那是没有用的，因为现在网络十分发达，消息很快就会在互联网上传播。

5. 他们公司_______发展，今年的效益很不错。

6. 这是一个_______人心的消息，我们将努力工作，把学校建设得更好。

三、问答题

1. 诗人“游园”，敲门敲了半天主人也没开门，他认为是什么原因？

2. “春色满园关不住，一枝红杏出墙来”比喻什么？

3. 举例说明生活中的哪些事例可用“春色满园关不住，一枝红杏出墙来”来形容。

第六章　元明诗词曲

摸鱼儿·雁丘词（节选）

元好问

【解题】

元好问，号遗山，鲜卑族，山西忻州人，是元代著名文学家。

《雁丘词》是一首脍炙人口的作品，属于咏物词。这首词前有一篇小序："乙丑岁赴并州，道逢捕雁者，云：'今旦获一雁，杀之矣。其脱网者皆鸣不能去，竟自投于地而死。'予因买得之，葬之汾水之上，累石为识，是曰雁丘，时有同行者多为赋诗，予亦有《雁丘词》。"告诉我们写这首词的原因：他去并州的路上，遇到一个猎人，猎人告诉他说："天上有两只大雁，我打死了一只，另一只逃脱了。逃脱的大雁看到同伴死了之后，竟然一头撞到地上而死。"元好问听了这件事后，为殉情的大雁所感动，于是买下这两只大雁，将它们埋葬，并堆起石头作为标记，取名叫"雁丘"。很多文人听说后都写诗纪念它们，作者也写了这首词——《雁丘词》，表达自己对殉情者的赞美，从而热情歌颂了伟大的爱情。

问世间、情是何物[①]，直教生死相许[②]？
天南地北双飞客[③]，老翅几回寒暑[④]。
欢乐趣，离别苦，就中更有痴儿女[⑤]。
君应有语：渺万里层云[⑥]，千山暮雪，只影向谁去[⑦]？

【注释】

①何物：什么。

②教：叫，让。相许：相许诺，相承诺。

③天南地北：指两只大雁在天上同飞到南方，同回到北方。双飞客：这两只在天上飞的大雁。

④几回：几次。

⑤就中：在其中。痴（chī）：痴情。儿女：指一对恋人。

⑥渺（miǎo）：渺茫。渺万里层云：天空云雾茫茫，辽阔无边。

⑦只影：孤独一个。

【译文】

请问人世间爱情究竟是什么？竟会令这两只大雁以同生同死相许诺？

它们冬天一起南下过冬，春天北回，相伴在天上飞翔；它们相依为命，共同经历多少次寒冷与炎热。

两只大雁既有欢乐的团聚，又有离别的伤心，而它们心中更多的是深深的爱意，因为它们是一对痴情的真心相爱的恋人。

（在看到自己相依相伴、形影不离的爱人死了后）这只大雁在殉情前，心里应该有这样的话：你离我而去，我一人孤孤单单，无依无靠，看天空广阔，只有我一只飞鸟，看傍晚的雪山千万座，我无一位同伴，一个人将飞向何方，单独活着又有什么意义呢？

【赏析】

这两只大雁的生死爱情深深地震撼了作者，感动了他，也使他产生了疑问，于是他“问世间，情是何物，直教生死相许”。问自己、问世人、问天地，爱情究竟是什么，竟然能产生这么大的力量，让大雁能够生死相许？作者表面写的是自己的困惑，实际上是赞美了爱情的魅力，爱情能让人们以生命相许诺，一起生一起死。

后两句，作者想象两只大雁活着时的感人情景，“天南地北双飞客，老翅几回寒暑”。“天南地北”是说大雁秋天南下过冬，到了春天一起回到北方。“双飞客”形容大雁们秋去春回，在天上飞翔，形影不离，同甘共苦，这是从空间上赞美它们的恩爱。“老翅”指这对大雁，“寒暑”表示时间的变化，“几回寒暑”是说它们经历了多少次的严寒与酷暑，这是从时间上歌颂它们的深情，什么情况也不能让它们分开。总之，作者是从空间、时间两个方面写了两只大雁相依为命的生活与情感。

或许有人会说，这“双飞客”不一定是恋人，可能是兄妹，一对同性伙伴，接下来作者明白地说出，它们是一对痴情儿女，“欢乐趣，离别苦，就中更有痴儿女”。意思是两只大雁在一起，既有团聚的快乐，也有离别的痛苦，但其中最重要的是它们是一对真心相爱的恋人。

“君应有语：渺万里层云，千山暮雪，只影为谁去”。这四句是想象大雁殉情前的心理活动。“君”指殉情的大雁。这只大雁刚逃脱时一定十分恐惧，但当看到恋人已死时，它已没有了恐惧，而想起了它们同飞的欢乐，想起了相互照顾的温暖，想起了以前的缠绵恩爱，而现在自己的爱人已死，自己该怎么办呢？看看天空是那么广阔，再也没有跟它同飞天上的人了；看看天空下的一座座雪山，再也没有跟它相互取暖、相互安慰的人了；世界这么大，自己孤苦伶仃，一个人将飞向何方，活着又是为了谁呢？于是它作出了以死殉情的决定，与爱人同死一处。作者想象十分丰富、细腻，描写了大雁殉情前的内心世界，令人感动。

这首词名为咏物，实为抒情。作者展开丰富的想象，运用比喻、拟人等艺术手法，塑造了一个忠于爱情、生死相许的大雁形象，唱出了一曲感人至深的爱情悲歌，寄托了作者的爱情理想，表达了对纯真爱情的赞美。

【重点词语与诗句】

1. 问世间、情是何物，直教生死相许：请问人世间爱情究竟是什么？竟会令人以生死相许？

2. 欢乐趣，离别苦，就中更有痴儿女：两只大雁既有欢乐的团聚，又有伤心的离别，但在它们心中更多的是深深的爱意（它们是一对痴情的真心相爱的恋人）。

【相关词语链接】

1. 同甘共苦：一同吃甜的，也一同吃苦的。比喻两个人有福同享，有难同当。如：

爸爸妈妈几十年来~，把我们抚养长大。

这个公司是我们大家的，所以大家要~，一起把它办好。

2. 相依为命：互相依靠着过日子。指互相依靠，谁也离不开谁。如：

妈妈去世后，他与爸爸~。

他~的奶奶生病住院了，他没去上学，去医院照顾她。

3. 形影不离：形体和影子是不能分开的。形容两人关系亲密，经常在一起。如：

我们是好朋友，经常~。

他们总是~，从来没吵过架。

4. 孤苦伶仃（gū kǔ líng dīng）：孤单困苦，没有依靠。伶仃：孤独。如：

老人无儿无女，~，大家常救济她。

他是多么可怜啊，~的，我们怎能不管他呢？

5. 殉情（xùn qíng）：为爱情而死。如：

他的女朋友病死了，他也跳海~了。

这只大雁看到自己的同伴被打死后，就撞死在石头上，~而死。

6. 细腻（xì nì）：做得认真、细致、准确；（皮肤）光滑。如：

他是一个心思很~的人，跟一般的男孩不同。

这个小女孩的皮肤真~啊，而我的皮肤很粗糙。

7. 一望无际：一眼看不到边儿，形容很辽阔。如：

看着~的大海，我心里想大海的岸边在哪儿呢。

你说这儿有人住，可这~的沙漠根本就没有一个人住。

8. 生死相许：形容夫妻或恋人的感情，以同生同死相许诺。如：

小明和小花爱得很深，他们以~，永不分离。

这两只大雁以~，爱情十分真挚。

9. 天南地北：词中指两只大雁冬天一起南下过冬，春天北回。现在形容南方、北方等很多地方，也形容距离极远。如：

孩子丢失了，他就~地寻找。

我们这些人来自~，所以说话的口音很不相同。

平时都很忙，大家很少聊天，今天放假，一起喝了酒，就~地聊起来了。

10. 痴情儿女：这一对恋人爱得很热烈，很执着，甚至到了疯狂的地步。如：

梁山伯与祝英台为了爱而死，他们就是一对～。

无论父母怎么反对，他们还是不愿分开，最后他的父母只好同意这一对～的婚事。

【相关歌曲链接】

梅花三弄

红尘自有痴情者，莫笑痴情太痴狂。若非一番寒彻骨，哪得梅花扑鼻香？

问世间情为何物，只教人生死相许。看人间多少故事，最销魂梅花三弄。

（白）“梅花一弄断人肠”，“梅花二弄费思量”，“梅花三弄风波起”，“云烟深处水茫茫”。

红尘自有痴情者，莫笑痴情太痴狂。若非一番寒彻骨，哪得梅花扑鼻香？

问世间情为何物，只教人生死相许。看人间多少故事，最销魂梅花三弄。

【练习题】

一、注音、组词

许____ ________ 翅____ ________ 暑____ ________

趣____ ________ 痴____ ________ 渺____ ________

二、用本课所学的诗句、词语等知识填空

1. 问世间、________，直教________？________双飞客，老翅几回寒暑。________，________，就中更有痴儿女。君应有语：________，千山暮雪，只影向谁去？

2. 这公司还刚刚成立，我们一定要________，相互配合，互相团结，一起把公司办好。

3. 你们怎么总是________？连上卫生间都要一起去。

4. 他深爱着女朋友，当女朋友因出事死亡后，他也________自杀了。

5. 他________地过了一辈子，从来没有结婚。

6. 爸爸去世后，虽然家庭困难，但是他跟哥哥________，一起成长，最后都上了大学。

7. 这篇文章的语言表达很________，像是一个女作家写的。

三、解释画线词语的意思

1. 直<u>教</u>生死相许

2. 天南地北双飞<u>客</u>

3. <u>就中</u>更有<u>痴</u>儿女

4. 只影向谁去

四、问答题

1. 作者为什么写这首词?

2. 作者是如何描述两只大雁活着时的生活的?

3. 对于那只殉情的大雁，作者是如何描写他殉情前的心理的?

4. 你看完这首词后，有什么感想?谈谈你对爱情的理解。

天净沙·秋思

马致远

【解题】

马致远，大都（今北京）人，元代著名戏剧家、散曲家，与关汉卿、郑光祖、白朴并称“元曲四大家”。

《天净沙·秋思》是马致远的著名散曲，描绘了一幅秋天荒凉的村庄的画面，表达了游子在深秋黄昏时分孤独悲凉的处境，以及思念故乡的愁苦心情。

枯藤老树昏鸦[①]，
小桥流水人家[②]，
古道西风瘦马[③]。
夕阳西下，
断肠人在天涯[④]。

【注释】

①枯藤（kū téng）：干枯的藤枝。昏鸦：黄昏时归巢的乌鸦。

②人家：农家。这句写出了诗人在黄昏时对温暖家庭的渴望。

③古道：年代很久远的路，或已经废弃不用的路。西风：寒冷的秋风。

④断肠（duàn cháng）人：形容人伤心、悲痛极了，这里指漂泊在外、流浪远方的游子，因为思乡而悲愁。天涯（yá）：天边，非常远的地方。

【译文】

干枯的藤枝缠绕着老树，黄昏时分几只乌鸦落在光秃秃的树枝上，发出难听的叫声。

小桥下流水缓缓地流淌着，旁边有几户人家，正升起一阵阵炊烟。

弯弯曲曲的古道上，有一匹瘦马和一个游子，冒着严寒的西风艰难地行走。

夕阳在西边落下，漂泊的游子还在远离家乡的天涯，孤独前行。

【赏析】

南宋词人吴文英在《唐多令》中写道："何处合成愁？离人心上秋。"从字形来看，"心上秋"正是一个"愁"字，表示这份"愁"是分离的人们在秋天所产生的离愁别绪。游子远离家乡，自然生发思乡之情，这种"秋思"、秋愁尤其在黄昏时分，在"鸡栖于埘，日之夕矣，羊牛下来"（《诗经·君子于役》）的时候，更加强烈。这首散曲就表达了秋天落日时分游子的离愁思乡之情。

作者先写近处的景物，"枯藤老树昏鸦"。干枯的藤条缠绕枯老的树木，能看得清楚；树上的乌鸦也能看得到，这说明作者是在近处。枯藤、老树都是生命将死的植物，而乌鸦则是不吉祥的动物，黄昏时候它的叫声令人不安。枯藤、老树、昏鸦三者共同组成了深秋荒凉寂静、没有生气而色彩暗淡的意境，给人以悲伤之感。

诗人将视线从近处转向远处，"小桥流水人家"，带着我们到了前方的一个村庄。小桥下，水缓缓地流淌。有桥就一定有人家，果然，在离桥不远的地方，他看到几户人家。这时家家的房屋上方都冒着炊烟，看来都在做饭。小桥旁的人家给了作者意外的惊喜，让他产生了温暖的感觉，路上孤独行走的不安紧张情绪也得到了缓解。温暖的人家是作者所欣喜、渴望与向往的，这句跟第一句的冷清悲凉形成了较为鲜明的对比。

小桥流水旁的人家在这个傍晚时分应该都坐在暖和的家中，有说有笑地品尝着热乎乎的饭菜。作者很快就从对别人的羡慕中走出来，重新回到眼前的现实："古道西风瘦马”。意思是古道上冷冷清清，除了“我”和那匹瘦马，一个行人都没有，西北风呼呼地刮在“我”的脸上，像刀割一样。天快黑了而自己还在路上漂泊，这一现实情况让他悲伤，他想：幸福是别人的，我什么都没有。

最后一句，“夕阳西下，断肠人在天涯”，“断肠”，指愁肠欲断，形容十分悲伤忧愁。夕阳西下，人们纷纷回家，但作者远离家乡，行在天涯，而且尚不知今晚住在何处。

读到这儿，我们眼前就会出现这样一幅画：深秋的傍晚，村庄外，在荒凉古道上，出现了一位漂泊天涯的游子，他牵着一匹瘦马，迎着寒冷的秋风，到处观望，他不知今晚住在何处。天涯游子多么令人同情啊！

马致远的这首小令，只有短短的二十八个字，虽然没用一个“秋”字，却写出了深秋荒凉的肃杀景象；虽然没用一个“思”字，却将游子的乡愁与忧思表达得淋漓尽致。作品没有直接写情，却在自然景物中明确地表达出来，因此具有很高的艺术价值。《天净沙·秋思》受到后代的尊崇，被称作“秋思之祖”。

【重点词语与诗句】

1. 枯藤老树昏鸦：干枯的藤枝缠绕着老树，黄昏时分几只乌鸦落在光秃秃的树枝上，发出难听的叫声。

2. 小桥流水人家：小桥下流水缓缓地流淌着，旁边有几户人家，家家升起阵阵炊烟。

3. 古道西风瘦马，夕阳西下，断肠人在天涯：弯弯曲曲的古道上，有一匹瘦马和一个游子，迎着严寒的西风艰难地行走。夕阳在西边落下，漂泊的游子还在远离家乡的天涯，孤独前行。

【相关词语链接】

1. 悲痛欲绝（bēi tòng yù jué）：悲伤到了极点，表示十分悲痛。如：

听到儿子发生车祸的消息，他～。

看到自己养的虾都死了，他～地说：“好不容易才养大，怎么一晚上就这样了呢?”

2. 光秃秃（guāng tū tū）：没有草木、树叶或毛发等物覆盖。如：

山上的树木被砍光了，最后整个山都～的。

冬天到了，树木都～的。

3. 缠绕（chán rào）：用绳子等软的东西围绕着某物。如：

一条蛇～在一棵树上。

电线杆上～着很多藤枝。

4. 炊烟（chuī yān）：烧干柴做饭而形成的烟气。如：

做晚饭的时间到了，村庄里到处升起了～。

一股股～从每一家的房顶上升起。

5. 僻静（pì jìng）：少有人到，安静。如：

教室里太吵了，我们去学校里～一点儿的地方吧。

咖啡厅人太多了，他们选了一个～的地方说话。

6. 荒凉（huāng liáng）：荒芜，冷清，形容野外无人的样子。如：

这个地方真～啊，周围几十里都没见一个人。

“这儿原来是一个很繁华的地方，但因为经历了一场战争，就变得特别～。”他知道这些情况后，难过得流下了眼泪。

【练习题】

一、注音、组词

枯____ ________　藤____ ________　断____ ________

僻____ ________　秃____ ________　缠____ ________

二、用本课所学的诗句、词语等知识填空

1. ________昏鸦，________人家，古道________。________，断肠人在天涯。
2. 一想到自己的公司被人放火烧了，他就________。
3. 灯上不要________绳子，因为那样很容易着火。
4. 这地方太________了，到处是乱草，如果不是你陪着，我一个人是不敢来的。
5. 以前这里是茂密的森林，可是现在不知道为什么变得________的了。
6. 到了傍晚，村子里到处升起一股股________。
7. 这不是说话的地方，我们找个________点儿的地方说吧。

三、问答题

1. “枯藤老树昏鸦”描绘的是一个什么场景？
2. “小桥流水人家”描绘的又是一个什么场景？
3. “断肠人”描写的是一个什么样的人？这首散曲表达了什么感情？

石灰吟[①]

于 谦

【解题】

于谦，浙江杭州人，明朝名臣，民族英雄。明英宗正统十四年（1449）秋天，北方瓦剌人入侵，英宗皇帝亲自带兵打仗，在土木堡被俘虏。于谦提议立明景帝为皇帝，主张通过防守来保护首都北京，反对迁都南京。他亲自率兵击退敌人，稳住了人心。后来明英宗归来后重新当了皇帝，有人诬陷于谦有谋反罪，于谦被逮捕，不久被杀害。于谦在民族危亡之时挺身而出，表现出鞠躬尽瘁、死而后已的精神，受到后人的称赞。

这首诗借石灰的形成过程及洁白的特征，表明自己不怕艰险、敢于牺牲的无私无畏精神，以及清白正直的崇高品德。

千锤万凿出深山[②]，
烈火焚烧若等闲[③]。
粉身碎骨浑不怕[④]，
要留清白在人间[⑤]。

【注释】

①石灰吟：赞颂石灰。吟：吟诵，吟唱。

②千锤（chuí）万凿（záo）：经过锤子千万次的击打、开凿，形容开采石灰非常艰难。千、万：指锤打次数多。锤：锤打。凿：开凿，开采。

③若等闲：跟平常一样，比喻不怕，很轻松，从容自如。若：好像，好似。等闲：平常，轻松。

④浑（hún）：全。

⑤清白：指石灰洁白，比喻高尚的品德。

【译文】

（石头）经过成千上万次锤子的开凿才从深山开采出来。

石灰石被大火日夜焚烧，神态自若，像跟平时一样轻松。

（石灰烧成后）即使自己粉身碎骨，也毫不惧怕，甘愿把一身清白留在人世间。

【赏析】

这是一首通过咏物来表达道理的诗，是咏物言志诗。我们知道，诗歌如果只是写景写物，而不表达自己的思想或情感，就不能产生感人至深的力量，这种诗歌一般不会有很大的影响。于谦的《石灰吟》不是纯粹的咏物诗，而是以石灰比喻自己，托物言志，表达自己为了国家粉身碎骨都不怕的精神，以及保持清白、正直、高尚情操的决心。

石灰的形成过程，首先是石灰石的开采，其次是石灰石的焚烧，然后变成生石灰，加水才变成熟石灰。首句“千锤万凿出深山”，描述石灰石的开采过程十分艰难。石灰石出自深山，经过工人千锤万锤才开采出来。第二句“烈火焚烧若等闲”，形容石灰石在大火燃烧中镇静自若的样子。被火焚烧，那是十分痛苦、令人恐惧的事，但石灰石在“烈火焚烧”时一点也不怕，没有抱怨，它把焚烧自己当作一件平平常常的事。“若等闲”三个字，显示出诗人无论面临着什么困难、什么严峻的考验，都从容不迫、毫不畏惧。

第三句“粉身碎骨浑不怕”，赞美石灰勇敢坚定的性格。石灰石被“烈火焚烧”后，以至于“粉身碎骨”，但它全不怕，心甘情愿地接受。“浑不怕”三字表现了诗人不怕困难、不怕牺牲的精神。其实诗人写石灰就是写自己，被焚烧时“若等闲”，被粉碎时“浑不怕”，像英雄一样镇定从容、敢于面对。

最后一句“要留清白在人间”，是说石灰之所以能忍受“烈火焚烧”和“粉身碎骨”的痛苦，就是为了把洁白的品质留给人们。实际上诗人是想通过石灰来表达：立志做一个纯洁清白的人，一个正直而没有污点的人。

这首诗借物（石灰）言志，通过石灰“若等闲”、“浑不怕”的英雄气概，以及“留清白”的道德品质，显示了自己正直的性格与不怕牺牲的勇气，表达了高尚的精神追求。

【重点词语与诗句】

1. 粉身碎骨浑不怕，要留清白在人间：（石灰）即使自己粉身碎骨，也毫不惧怕，而要把一身清白留在人世间。比喻道德高尚的人不怕牺牲，要保持纯洁、清白、正直的品质。

2. 粉身碎骨：身体粉碎而死，丧失生命。如：

为了理想，即使～，我也不害怕。

老李从高楼上摔下去，摔得～。

3. 清白：纯洁，没有污点。如：

他是～的，从不拿公司的一分钱，你却说他贪污，这肯定是不对的。

我没偷东西，你不能冤枉我，我是～的。

【相关词语链接】

1. 诬陷（wū xiàn）：通过假造事实来害别人，自己从中获得好处。如：

他～我，说我偷了顾客的钱包。

你这是～，我绝没做过对不起公司的事。

2. 无所畏惧：一点都不害怕，形容十分勇敢。如：

面对敌人，他～。

不管前面遇到什么困难，我们都要～，充满信心地去解决它。

3. 严峻（yán jùn）：很难解决的；严肃；严厉。如：

他现在正面临着一个～的问题，就是下岗的问题，以后全家人该怎么生活。

洪水就要来了，我们这个城市将要遭受最～的考验。

4. 从容不迫：从容，不慌不忙，很镇静。如：

遇到麻烦或危险的时候，男人们一定要～，否则女人们就会更紧张。

他～地回答问题，得到了专家的赞赏。

5. 千辛万苦：十分辛苦。如：

我们历经～，终于获得了成功。

我们～才把他找到，没想到过了两天他又跑走了。

6. 污点（wū diǎn）：丢脸的、道德不好的事情。如：

你贪污的事，就是你一辈子的～。

他没有～，你说的那件抢东西的事不是他干的，与他无关。

【练习题】

一、注音、组词

锤____ ______ 凿____ ______ 烈____ ______

焚____ ______ 忿____ ______ 碎____ ______

二、用本课所学的诗句、词语等知识填空

1. ______出深山，______若等闲。______浑不怕，________________。

2. 你还年轻，今后的路还很长，所以一定要注意自己的行为，不要留下任何________。

3. 你要实事求是，他没有吸毒，你怎么说他是吸毒者？你不要________人。

4. 现在情况确实很________，你看，那么多工人等着发工资，而我们又没有钱，银行又不给贷款，你说我该怎么办。

5. 面对困难，我们要有________的精神，敢想敢干，大胆创新。

6. 即使是遇到强盗，他也________，不慌不忙。

7. 我是找了很多朋友，________才买来的，你一定要珍惜。

三、问答题

1. 请你谈谈石头变成石灰的过程。

2. "若等闲"、"浑不怕"，表现了诗人什么道德品质？

3. "要留清白在人间"，表明诗人有什么样的道德追求？

4. 结合这首诗，谈谈你对理想与现实关系的理解。

明日歌

文 嘉

【解题】

文嘉（1501—1583），明代著名画家文征明的次子，擅长诗歌、书法、画画。《明日歌》是一首家喻户晓的诗歌，作者通过通俗易懂的语言，劝告人们要珍惜时间，不要虚度今日，不要把事情推拖到明天，最后一事无成而后悔一生。

明日复明日①，明日何其多②？
我生待明日③，万事成蹉跎④。

世人苦被明日累⑤，春去秋来老将至。
朝看水东流，暮看日西坠⑥。
百年明日能几何⑦？请君听我明日歌。

【注释】

①复：再，又。

②何其：何等，多么。

③待：等待。

④蹉跎（cuō tuó）：错过机会，虚度光阴。

⑤世人：一般的人。苦：苦于。累（lěi）：牵累，妨碍。这句话是说世上的人多被“等待明日”的懒惰心理所牵累。

⑥暮：傍晚。日西坠（zhuì）：太阳在西边落下。“水东流”与“日西坠”都表示时间过得很快。

⑦百年：指人的一生。几何：多少。

【译文】

明天后边还有明天，明天是多么多！如果我们一生做事都要等待明天，那么必定会虚度光阴，很多事情就都荒废了。

世上的人很多受“等待明日”的懒惰心理牵累，春去秋来，时光流逝，人一天一天变老。早晨看河水向东流去，傍晚看太阳在西边落下。人的一生能有多少个明天？请您好好听我的《明日歌》。

【赏析】

有的人一生事业成功，有的人却一事无成，两者的差距究竟是怎么形成的？原因可能很多，如聪明与否，运气的有无，时机的把握，等等，其中很重要的一个原因就是对时间的态度不同，换句话说，就是看能否好好地把握和利用时间。时间对每个人都是相同的，只是成功人士珍惜了“现在”，也就意味着珍惜了过去和未来，做的事情积少成多，最后令人刮目相看；而不成功的人浪费了“现在”，也就意味着浪费了过去和未来，把今天的事情留给“明天”，而“明天”又拖到了明天，时间就是这样从人的手指间溜走，以至于年老时后悔、叹息。

时间跟别的事物，如金钱有很大的不同，它是不等人的，失去了就不会回来了。孔子面对着东去的流水，说：“逝者如斯夫，不舍昼夜。”发出时间一去不复返的感叹。此后，人们常常在作品中表达这一思想，劝告人们珍惜时间，如乐府诗《长歌行》“少壮不努力，老大徒伤悲”，这首《明日歌》也是这样的作品。

“明日复明日，明日何其多？我生待明日，万事成蹉跎。”诗人首先告诫人们要牢牢地抓住今天，今天能做的事一定要在今天做，不要把事情推到不确定的明天。人的一生，都是一个个“今日”连起来的，每天晚上过了十二点钟，“明日”就成了“今日”，“今日”就成了“昨日”，所以“明日”虽然看上去很多，其实很快就成了今日和昨日，所以如果人养成了等待明日的毛病，也就形成了懒惰、松懈的毛病，最终将会什么事都没做，“万事成蹉跎”，悔恨都来不及。所以“今天”才是最宝贵的，一切从今天开始，“千里之行，始于足下”，把握好了现在．才能有充实的明天。

可是“世人苦被明日累”，人们偏偏被等待明日的懒惰想法所耽误，一天天过去了，一年过去了，“春去秋来老将至”，自己即将进入老年。怎么会这么快呢？因为每一天都是很快就结束的，“朝看水东流，暮看日西坠”，意思是早上看到河水滚滚东流，一去不复返；傍晚看到太阳在西边坠落，天色暗淡。看到时间匆匆流逝，人们心中不免有些焦虑，忍不住要算一下这一生有多少日子呢。“百年明日能几何”，是说人的一生到底有多少个明日呢？作者没有正面回答，而是说“请君听我明日歌”，意思是请你听我唱《明日歌》，歌词就是这首诗前面的四句内容：“明日复明日，明日何其多？我生待明日，万事成蹉跎。”这一结尾设计得很独特，既简洁又巧妙，能很好地照应开头，明确珍惜时间这一主题。

这首诗语言朴实，但内容充实、说理明确，对每位读者都有较大的思想启发以及较高的教育价值。

【重点词语与诗句】

1. 明日复明日，明日何其多：明天又明天，明天是多么的多啊！

2. 我生待明日，万事成蹉跎：如果我们一生做事都要等待明天，那么必定会虚度光阴，很多事情都荒废，从而错过大好机会。

【相关词语链接】

1. 虚度：白白地度过，没有利用时光做有益的事情。如：

老师对大学生们说：“现在是你们人生中最美好的阶段，一定不能～时光。”

老人很后悔地跟我说：“我～了六十年的光阴，现在是后悔都来不及。”

2. 一事无成：什么事情都没有做成功。如：

他从小就喜欢吃喝玩乐，所以至今～。

小明大学毕业都四年了，还到处流浪，～。

3. 失而复得：东西丢失了，后来又找到。如：

如果不是您的帮助，我的手机也不会～。

电脑~，他心里十分高兴。

4. 有所作为：做事情取得了成绩。如：

年轻人就应该~，不能虚度时光。

你们遇到了一个好时代，一定要~。

大家不要灰心，只要我们团结、努力，就会~。

5. 暗淡：灯光昏暗；前途不光明。如：

灯光太~了，我都看不清书上的字。

她遇到了一些挫折，觉得前途很~，有些灰心。

6. 意味深长：含义深远，道理深刻。

《明日歌》这首诗语言朴实，但~。

老师~地对学生说："只有现在好好学习，将来才会成为祖国的栋梁之才。"

【练习题】

一、解释画线词语的意思

1. 明日复明日

2. 我生待明日

3. 万事成蹉跎

4. 世人苦被明日累

5. 暮看日西坠

6. 百年明日能几何

二、用本课所学的诗句、词语等知识填空

1. 明日复明日，____________。我生待明日，____________。

2. 世人苦被明日累，____________。

3. ____________，暮看日西坠。

4. 大家一定要珍惜时间，不要______光阴。

5. 好好工作吧，不要到老了还______。

6. 在______的灯光下是不能看书的。

7. 人的生命是有限的，所以我们更应该在年轻的时候______，让生命变得很有价值。

8. 幸亏你发现了我丢的手表，给了我，东西______，我真是太激动了。

9. "欲穷千里目，更上一层楼"，这两句诗语言朴素，但______。

三、问答题

1. 我们把今天的事推到明天做，会怎么样？
2. 你觉得作者说得对不对？
3. 谈谈你对时间的认识或看法。

附录一　练习题参考答案（部分）

说明：1. 参考答案主要针对练习题中“用本课所学的词语、诗句等知识填空”及“选择题”两部分内容。

2. 本内容按诗词鉴赏篇目的先后次序而定。

关雎

二、1. 诗经　2. 窈窕淑女　君子好逑　3. 辗转反侧　4. 求之不得　5. 参差不齐

君子于役

二、1. C.　2. A.

三、1. 栖息　2. 又饥又渴　3. 儿行千里母担忧　4. 没日没夜

静女

一、sāo shǒu　挠头　chíchú　徘徊　yí　赠

三、1. C.　2. A.　3. A.

蒹葭

一、1. A.　2. A.

二、1. 若即若离　2. 若隐若现　3. 朦胧美　4. 白露为霜　在水一方
5. 道阻且长　宛在水中央

垓下歌

一、1. 有勇无谋　2. 力大无比　英雄盖世　3. 穷途末路　4. 无可奈何

上邪

一、1. 震耳欲聋　2. 白头偕老　3. 海枯石烂　4. 天哪　5. 对天发誓　6. 民歌
7. 相亲相爱

上山采蘼芜

一、1. 对话　2. 叙事诗　3. 喜新厌旧　4. 爪子　手

长歌行

二、1. 老大徒伤悲　2. 逝者如斯夫，不舍昼夜　3. 寸金难买寸光阴　失落寸金

容易找 失落光阴无处寻 4. 葵 秋 百川东到海 5. 徒劳无益 6. 世上没有卖后悔药的

龟虽寿

二、1. 曹操 曹植 2. 老骥伏枥，志在千里。烈士暮年，壮心不已 3. 腾云驾雾 4. 说曹操，曹操到 5. 乐观向上 6. 志向远大

七步诗

一、1. 本是同根生，相煎何太急 2. 同根同源 3. 亲如兄弟 4. 折磨

江南

一、1. 嬉戏 谈情说爱 2. 风景如画 3. 柳绿花红 4. 如鱼得水

敕勒歌

二、1. 穹庐 四野 2. 野茫茫 风吹草低见牛羊 3. 茫茫无际 4. 壮观 5. 笼罩

送杜少府之任蜀州

二、1. 三秦 风烟 离别 天涯若比邻 儿女共沾巾 2. 海内存知己，天涯若比邻 3. 分歧 4. 烟雾弥漫 5. 酒逢知己千杯少，话不投机半句多。

登幽州台歌

一、1. 前不见古人 后不见来者 2. 一把鼻涕，一把泪 3. 历史悠久 4. 前怕狼，后怕虎 5. 空前绝后

登鹳雀楼

一、1. 白日依山尽 更上一层楼 2. 汹涌澎湃 3. 无穷无尽 4. 站得高，看得远

回乡偶书

二、1. 少小 老大 乡音无改 不相识 客从何处来 2. 乡音未改 3. 衰老斑白 4. 素不相识 5. 叶落归根

春晓

二、1. 晓得 2. 唧唧喳喳 3. 不知不觉 4. 微风细雨 5. 失眠

九月九日忆山东兄弟

二、1. 大同小异 2. 路遥知马力，日久见人心 3. 倍加 4. 逢年过节 5. 异口同声

相思

一、1. 红豆 发几枝 多采撷 此物最相思 2. 爱情信物 3. 采摘 4. 发芽 5. 相思之情

送元二使安西

二、1. 客舍青青柳色新　西出阳关无故人　2. 你走你的阳关道，我走我的独木桥　3. 尘土飞扬　4. 尽善尽美　5. 一尘不染　6. 一饮而尽　7. 人尽其才，物尽其用

秋浦歌

二、1. 很长　夸张　2. 因为　那么　3. 明亮的镜子　4. 白发　比喻

月下独酌

二、1. 邀明月　成三人　2. 不解饮　随我身　3. 徘徊　零乱　4. 不解　5. 如影随形　6. 各奔东西　7. 零乱　8. 及时行乐　9. 淋漓尽致

将进酒

二、1. 天上来　奔流到海　2. 悲白发　朝如青丝暮成雪　3. 人生得意须尽欢　天生我材必有用　4. 倾泻　5. 一醉方休　6. 得意洋洋　7. 在所不惜

绝句

一、1. 五　七　五　2. 在蓝天上飞翔　3. 黄　绿　白　蓝　近　远　远　近　大　大　远　远

游子吟

二、1. 密密缝　迟迟归　谁言寸草心　报得三春晖　2. 脍炙人口　3. 共鸣　4. 寸土寸金　5. 姗姗来迟　6. 严父慈母　7. 漂泊　8. 缝补

闺意献张水部

二、1. 画眉深浅入时无　2. 洞房花烛夜　3. 低声细语　4. 浓妆艳抹

无题

二、1. 到死丝方尽　蜡炬成灰泪始干　至死不变的爱，如恋人之间的爱情、父母对子女的亲情等　2. 软弱无力　3. 恋恋不舍　4. 难舍难分　5. 凋落　6. 委托　7. 殷勤　8. 只开花，不结果

登乐游原

一、1. 快要　2. 驾车　驱车两个小时/一百里路　3. 夕阳无限好　只是近黄昏　4. 灿烂辉煌　5. 排遣　6. 身体不适　7. 金光灿灿/金灿灿

蜂

二、1. 十分，非常　非常美丽，非常多　2. 酿　3. 忙忙碌碌　4. 得过且过　5. 不劳而获

虞美人

二、1. 春花秋月何时了　2. 雕栏玉砌　朱颜改　3. 恰似一江春水向东流　4. 结束　旧国，自己当皇帝时的南唐　5. 风花雪月　6. 不朽之作　7. 精雕细刻　8. 阶下

因　9. 雕栏玉砌

题西林壁

二、1. 成岭　成峰　远近高低　不识庐山真面目　只缘身在此山中　2. 生紫烟　挂前川　三千尺　落九天　3. 利害关系　4. 当局者迷，旁观者清　5. 庐山真面目　6. 参与　7. 当事人　8. 豁达

饮湖上初晴后雨

二、1. 水光潋滟　山色空蒙　比西子　淡妆浓抹总相宜　2. 概括　3. 令人叫绝　4. 琐碎　5. 画龙点睛　6. 荡漾

水调歌头

二、明月几时有　今夕是何年　乘风归去　琼楼玉宇　高处不胜寒　何似在人间　低绮户　照无眠　何事长向别时圆　悲欢离合　阴晴圆缺　但愿人长久　千里共婵娟

鹊桥仙

二、1. 巧妙　2. 离愁别恨　3. 天长地久　4. 辛酸　5. 佼佼者

夏日绝句

二、1. 人杰　鬼雄　项羽　江东　2. 为国捐躯　3. 女中豪杰　4. 宁愿站着死，绝不跪着生　5. 建功立业　6. 英雄豪杰　7. 无颜见江东父老

满江红

二、1. 怒发冲冠　2. 披星戴月，风餐露宿　3. 报仇雪恨　4. 雄心壮志　5. 精忠报国

示儿

二、1. 万事空　九州同　中原日　告乃翁　2. 真挚　3. 占领　4. 念念不忘　5. 喜讯　6. 排斥

游园不值

二、1. 一枝红杏出墙来　2. 怜惜　3. 争奇斗艳　4. 封锁　5. 蓬勃　6. 鼓舞

摸鱼儿·雁丘词（节选）

二、1. 情是何物　生死相许　天南地北　欢乐趣　离别苦　渺万里层云　2. 同甘共苦　3. 形影不离　4. 殉情　5. 孤苦伶仃　6. 相依为命　7. 细腻

天净沙·秋思

二、1. 枯藤老树　小桥流水　西风瘦马　夕阳西下　2. 悲痛欲绝　3. 缠绕　4. 荒凉　5. 光秃秃　6. 炊烟　7. 僻静

石灰吟

二、1. 千锤万凿　烈火焚烧　粉身碎骨　要留清白在人间　2. 污点　3. 诬陷　4. 严峻　5. 无所畏惧　6. 从容不迫　7. 千辛万苦

明日歌

二、1. 明日何其多　万事成蹉跎　2. 春去秋来老将至　3. 朝看水东流　4. 虚度　5. 一事无成　6. 暗淡　7. 有所作为　8. 失而复得　9. 意味深长

附录二 词汇、诗句表

说明：1. 本表所收为每首诗词鉴赏的“重点词语与诗句”、“相关词语链接”两部分的所有词汇与诗句。

2. 本表按汉语拼音顺序排列。

3. 每条先列词汇或诗句，后列出该条目所在的诗词篇名。

A

爱情信物　相思
爱屋及乌　静女
暗淡　明日歌

B

白发三千丈　秋浦歌
白里透红　题都城南庄
白日依山尽　登鹳雀楼
白头偕老　上邪
百川东到海，何时复西归　长歌行
拜堂　闺意献张水部
斑（bān）白　回乡偶书
报仇雪恨　满江红
暴（bào）风骤（zhòu）雨　满江红
悲痛欲绝（bēi tòng yù jué）　天净沙·秋思
倍加　九月九日忆山东兄弟
本是同根生，相煎何太急　七步诗
贬（biǎn）　题西林壁
泊（bó）船　绝句
不但　龟虽寿
不劳而获　蜂
不解　月下独酌
不堪回首　虞美人
不识庐山真面目，只缘身在此山中　题西林壁
不朽（xiǔ）之作　虞美人
不知不觉　春晓
不知明镜里，何处得秋霜　秋浦歌

C

采得百花成蜜后，为谁辛苦为谁甜　蜂
采摘　相思
参与　题西林壁
残忍（cán rěn）　鹊桥仙
灿烂（càn làn）　题都城南庄
灿烂辉煌（càn làn huī huáng）　登乐游原

D

E

F

G

苟且偷生/苟且活着　石壕吏
孤苦伶仃（gū kǔ líng dīng）　摸鱼儿·雁丘词（节选）
古道西风瘦马，夕阳西下，断肠人在天涯　天净沙·秋思
鼓舞（gǔ wǔ）　游园不值
光秃秃（guāng tū tū）　天净沙·秋思
滚滚东去　登鹳雀楼

H

海枯石烂　上邪
海内存知己，天涯若比邻　送杜少府之任蜀州
含情脉脉（hán qíng mò mò）　绝句
花天酒地　虞美人
画龙点睛　饮湖上初晴后雨
怀才不遇　将进酒
欢乐趣，离别苦，就中更有痴儿女　摸鱼儿·雁丘词（节选）
宦游人　送杜少府之任蜀州
荒凉（huāng liáng）　天净沙·秋思
浑浊（hún zhuó）　游山西村
豁达（huò dá）　题西林壁

J

唧唧喳喳（jī jī zhā zhā）　春晓
及时行乐　月下独酌
急得像热锅上的蚂蚁　静女
佳期如梦　鹊桥仙
煎熬（jiān áo）　七步诗
简朴　游山西村
建功立业　夏日绝句
佼佼（jiǎo）者　鹊桥仙
皎洁（jiǎo jié）　水调歌头
阶下囚（qiú）　虞美人
巾帼（guó）不让须眉　木兰诗
金灿灿/金光灿灿　登乐游原
尽情欢乐　将进酒
尽善尽美　送元二使安西
精雕细刻　虞美人
精忠报国　满江红
静谧（jìng mì）　游山西村
酒逢知己千杯少，话不投机半句多（欧阳修《春日西湖寄谢发曹韵》）　送杜少府之任蜀州
鞠躬尽瘁（jū gōng jìn cuì），死而后已　龟虽寿
举杯消愁愁更愁（李白《宣州谢朓楼饯别校书叔云》）　将进酒
举杯邀明月，对影成三人　月下独酌
君不见高堂明镜悲白发，朝如青丝暮成雪　将进酒
君不见黄河之水天上来，奔流到海不复回　将进酒

K

可望而不可即　蒹葭
空前绝后　登幽州台歌
枯竭　上邪
枯藤老树昏鸦　天净沙·秋思
脍炙（kuài zhì）人口　游子吟
馈赠（kuì zèng）　静女

怒发冲冠　满江红
女扮男装　木兰诗
女中豪杰　夏日绝句

O

偶尔　回乡偶书
偶然　回乡偶书

P

排斥（pái chì）　示儿
排遣（pái qiǎn）　登乐游原
徘徊（pái huái）　静女
蓬勃（péng bó）　游园不值
蓬山此去无多路，青鸟殷勤为探看　无题
披星戴月，风餐露宿　满江红
僻静（pì jìng）　天净沙·秋思
翩翩起舞（piān piān qǐ wǔ）　水调歌头
漂泊（piāo bó）　游子吟
扑朔迷离　木兰诗

Q

栖息　君子于役
千里迢迢　鹊桥仙
千辛万苦　石灰吟
牵肠挂肚　君子于役
前……后……　登幽州台歌
前无古人　登幽州台歌
前无古人，后无来者　登幽州台歌
敲锣打鼓　游山西村
憔悴（qiáo cuì）　虞美人
巧妙（qiǎo miào）　鹊桥仙
亲如兄弟　七步诗
倾听（qīng tīng）　将进酒
倾泻（qīng xiè）　将进酒
清白　石灰吟
琼楼玉宇　水调歌头
求之不得　关雎
劝君更尽一杯酒，西出阳关无故人　送元二使安西

R

人尽其才，物尽其用　送元二使安西
人面不知何处去，桃花依旧笑春风　题都城南庄
人面桃花相映红　题都城南庄
人生得意须尽欢，莫使金樽空对月　将进酒
人有悲欢离合，月有阴晴圆缺，此事古难全　水调歌头
日夜兼程　满江红
日照香炉生紫烟，遥看瀑布挂前川。飞流直下三千尺，疑是银河落九天（李白《望庐山瀑布》）　题西林壁
柔情似水　鹊桥仙
如何　君子于役
如影随形/形影不离　月下独酌
如鱼得水　江南
如之何勿思　君子于役
软弱无力（ruǎn ruò wú lì）　无题
若即若离　蒹葭
若隐若现　蒹葭

S

T

W

王师北定中原日，家祭无忘告乃翁　示儿
微风细雨　春晓
委托　无题
为国捐躯（juān qū）　夏日绝句
问君能有几多愁？恰似一江春水向东流　虞美人
问世间、情是何物，直教生死相许　摸鱼儿·雁丘词（节选）
我歌月徘徊，我舞影零乱　月下独酌
我生待明日，万事成蹉跎　明日歌
污点（wū diǎn）　石灰吟
诬陷（wū xiàn）　石灰吟
无拘无束　水调歌头
无路可走　游山西村
无穷无尽　登鹳雀楼
无所畏惧　石灰吟
无颜见江东父老　夏日绝句
物是人非　题都城南庄

X

夕阳无限好，只是近黄昏　登乐游原
嬉戏（xī xì）　江南
喜新厌旧　上山采蘼芜
喜讯　示儿
细腻（xì nì）　摸鱼儿·雁丘词（节选）
乡音未改　回乡偶书
相隔千里　水调歌头
相见时难别亦难　无题
相亲相爱　上邪
相思之情　相思
相依为命　摸鱼儿·雁丘词（节选）
小桥流水人家　天净沙·秋思
晓得　春晓
新春佳节　九月九日忆山东兄弟
心如明镜　秋浦歌
辛酸（xīn suān）　鹊桥仙
新人从门入，故人从阁去　上山采蘼芜
新人工织缣，故人工织素　上山采蘼芜
形影不离　摸鱼儿·雁丘词（节选）
汹涌澎湃（xiōng yǒng péng pài）　登鹳雀楼
雄兔脚扑朔，雌兔眼迷离　木兰诗
雄心壮志　满江红
虚度　明日歌
雪耻　满江红

Y

烟雾弥漫　送杜少府之任蜀州
严父慈母　游子吟
严峻（yán jùn）　石灰吟
颜色　上山采蘼芜
颜色类相似，手爪不相如　上山采蘼芜
阳春布德泽，万物生光辉　长歌行
阳春三月　长歌行
仰天长啸　满江红
遥远　九月九日忆山东兄弟
窈窕淑女　关雎
窈窕淑女，君子好逑　关雎
叶落归根　回乡偶书
夜不能寐　关雎

参考文献

1.（汉）毛公传、郑玄笺，（唐）孔颖达正义．毛诗正义．上海：上海古籍出版社，1990.

2. 程俊英．诗经译注．上海：上海古籍出版社，1995.

3.（宋）郭茂倩．乐府诗集．北京：中华书局，1979.

4. 余冠英．乐府诗选．北京：人民文学出版社，1953.

5.（三国）曹操、曹丕著，黄节注．魏武帝魏文帝诗注．北京：人民文学出版社，1958.

6. 逯钦立．先秦汉魏晋南北朝诗．北京：中华书局，1983.

7.（南朝梁）萧统编，（唐）李善注．文选．上海：上海古籍出版社，1994.

8.（清）蘅塘退士．唐诗三百首．北京：中华书局，1979.

9.（唐）王维著，（清）赵殿成笺注．王摩诘全集笺注．北京：北京图书馆出版社，1999.

10.（唐）李白著，（清）王琦辑注．李太白全集．北京：中华书局，1979.

11.（唐）杜甫著，（清）仇兆鳌注．杜诗详注．北京：中华书局，1979.

12.（唐）李商隐著，刘学锴、余恕诚集解．李商隐诗歌集解．北京：中华书局，1988.

13. 高步瀛．唐宋诗举要．上海：上海古籍出版社，1992.

14. 俞平伯．唐宋词选释．北京：人民文学出版社，1999.

15. 王仲闻．南唐二主词．北京：人民文学出版社，1957.

16. 胡云翼．宋词选．上海：上海古籍出版社，1994.

17. 龙榆生．近三百名家词选．上海：古典文学出版社，1956.

18. 钱钟书．宋诗选注．北京：人民文学出版社，1989.

19.（宋）苏轼著，施元之、顾禧注．施顾注东坡先生诗．北京：北京图书馆出版社，2004.

20. 陈友琴．元明清诗一百首．上海：上海古籍出版社，1982.

21. 钱仲联．明清诗精选．南京：江苏古籍出版社，1992.

22. 沈文凡、李博昊．名家讲解唐诗三百首．长春：长春出版社，2008.

23. 上海辞书出版社文学鉴赏辞典编纂中心编．唐诗三百首鉴赏辞典．上海：上海辞书出版社，2006.

24. 朱东润．中国历代文学作品选．上海：上海古籍出版社，1989.

25. 朱宏达、吴洁敏．中国古诗百首读．北京：华语教学出版社，1996.

26. 钱华、刘德联．中国古代诗歌选读．北京：北京大学出版社，1997.

27. 许渊冲译．中国古诗精品三百首 汉英对照．北京：北京大学出版社，2004.